AI 시대
내 아이의 미래를 바꿀
인재 교육

내 아이의 미래 지도 어떻게 그릴 것인가

AI 시대
내 아이의 미래를 바꿀
인재 교육

임지은 지음

미디어숲

나는 미래를 내다보며
아이를 키우고 있는가?

"우와, 대박! 엄마, 챗GPT가 모르는 게 없네? 숙제 다 끝냈어."

아들이 학원 숙제를 하다가 신이 난 목소리로 말했습니다. 수업
시간에 통일에 대한 찬반 토론을 하는데 챗GPT가 각 주장의 근거
를 완벽하게 설명해 줘서 도움이 됐다고 하더군요. 잠시 말문이 막
혔습니다. 이걸 그대로 허용해야 할지, 아니면 일단 막고 봐야 하
는 건지 판단이 안 섭니다. 핸드폰을 언제 사줄지, 사용 시간을 어
떻게 제한할지, 게임을 허용할지 말지 등 부모로서 고민할 일이 점
점 많아집니다. 부모의 역할이 점점 더 다채롭고 어려워지는 것 같
습니다.

저 역시 지난해부터 각종 생성형AI 서비스들을 이용하면서 책 쓰기를 비롯해 이런저런 작업을 공동(?) 진행하고 있습니다. 대학원 과제는 물론 논문을 쓸 때도 인공지능 서비스들은 든든한 비서가 되어줍니다. 아직 정확도나 완성도 면에서 부족한 면도 있지만, 시간을 절약하는 데 큰 도움이 됩니다.

챗GPT는 시간이 갈수록 똑똑해지고 있습니다. 이런 세상에서 아이를 어떻게 키워야 할까요? 지금과 같은 입시 위주의 교육을 밀고 가는 것이 맞는 걸까요?

남보다 더 많은 지식을 더 일찍, 더 많이 담아두는 것이 성공의 열쇠이던 시절도 있었습니다. 이제 그 열쇠로는 더 이상 문을 열 수 없을지도 모릅니다. 정보는 AI가 훨씬 더 빠르고 정확하게 찾아주니까요. 게다가 AI는 물어보는 질문에 대답만 잘하는 것이 아니라, 시키는 일도 능숙하게 해내며, 그 정확성은 하루가 다르게 업그레이드되고 있습니다. 교육 현장도 시대의 변화에 발맞추기 위해 빠르게 변화하고 있습니다. 2025년 AI 교과서의 일부 도입과 함께, 교육계에도 크고 작은 변화의 바람이 불고 있습니다.

AI 시대, 부모의 역할도 달라졌습니다

좋은 학벌보다 아이의 내면적 역량과 삶의 태도가 더 큰 가치로 주목받는 시대로 바뀌었습니다. 정보를 외우고 전달하는 것만으로는 경쟁력이 되지 않는 시대입니다. 이제는 그 지식을 어떻게 다르게 바라보고, 어떤 질문을 던질 수 있는가가 중요합니다.

여기서 부모로서의 역할, 즉 '부모력'이라는 단어를 새롭게 정의해 볼 수 있습니다. 과거에는 부모가 아이에게 정답을 알려 주는 것이 중요한 역할이었습니다. 그러나 이제 부모력은 아이에게 정답을 알려 주는 힘이 아니라, 아이가 '새로운 질문을 던질 수 있도록' 돕는 힘이 되어야 합니다.

AI는 정답을 줄 수 있지만, 질문을 던질 줄 아는 건 오직 인간의 몫이기 때문입니다. 창의적 사고, 비판적 사고, 공감 능력, 실패를 넘어 다시 일어서는 회복탄력성 같은 역량이 지금 우리가 아이들에게 심어줘야 할 핵심 덕목입니다.

이런 생각에 다다르고 보니, 스스로에게도 질문을 던지게 됩니다.

나는 아이에게 공부를 왜 해야 하는지 제대로 설명하고 있을까?

나는 아이가 자기만의 강점을 찾아가도록 돕고 있는가?

아이와 함께 미래를 준비하고 있는가?

답하기 쉽지 않은 숙제입니다. 그 어떤 것도 정해진 답은 없는 것 같은 세상입니다. 오늘의 지식이 내일은 더 이상 유효하지 않을 수 있습니다. 그럼에도 함께 고민하고, 머리를 맞대고 나아간다면 꽤 멋진 미래가 우리를 기다리고 있을 거라는 믿음이 있습니다. 우리는 지금까지도 잘 해왔고, 앞으로도 최선을 다할 것입니다.

우리가 아이들과 함께 준비해야 할 것들

이미 세계 곳곳에서는 학벌보다 실질적인 역량을 갖춘 사람들이 주목받고 있습니다. 실리콘밸리에서는 더 이상 학위를 중요시하지 않는다고 합니다. 구글과 같은 기업은 지원자의 학벌 대신 '직무 수행 능력, 리더십, 창의적 문제 해결력'을 중점적으로 평가합니다.

앞으로는 창의적으로 사고하고 문제를 해결하며, AI와 협력하는 능력이 필수적인 역량으로 자리 잡을 것입니다. 더불어, 비판적 사고를 통해 정보를 선별하고, 공감 능력을 바탕으로 깊이 있는 관계를 형성하며, 새로운 아이디어를 창출하는 능력 역시 중요해질 것입니다.

자율적인 학습 능력 또한 필수 요소로, 빠르게 변화하는 환경 속에서 새로운 것을 배우고 이를 자신만의 방식으로 활용하는 힘은 우리 아이들이 세상을 살아가는 데 있어 가장 큰 자산이 될 것입니다.

이러한 변화의 중심에서, 부모로서 우리는 무엇을 준비해야 할까요?

자녀들의 미래를 위해 함께 답을 찾아가야 합니다. 유튜브 최고경영자 수잔 보이치키Susan Wojcicki의 어머니 에스더 보이치키 Esther Wojcicki는 자녀를 키우며, '트릭TRICK을 중시했습니다. 트릭은 Trust(믿음), Respect(존중), Independence(독립), Collaboration(협력), Kindness(친절)를 뜻합니다. 성공한 사람들의 부모나 주변 사람들이 공통적으로 실천한 중요한 가치들이기도 합니다.

이러한 원칙 아래에서 아이들은 '레고^{LEGO}'를 키울 수 있습니다. 레고는 Love(사랑), Empathy(공감), Gratitude(감사하는 마음), Optimism(긍정적인 마음)을 의미합니다. 부모의 '트릭'과 아이들의 '레고'가 변화의 시작입니다. 물론 쉽지 않습니다. 버튼 하나 누른다고 변신하는 세상은 없습니다. 분명한 건 세상은 변하고 있다는 것입니다. 그리고 아이들은 그 세상에서 살게 될 거란 사실입니다.

"첫째도 본보기요, 둘째 역시 본보기요, 셋째도 본보기다."

'밀림의 성자' 알버트 슈바이처 박사에게 성공적인 자녀 교육법을 물었더니 돌아온 답입니다. '나는 변화하는 세상을 살아갈 아이들에게 본보기가 되는 부모일까?' 되돌아보게 됩니다. 변화를 읽고, 미래를 내다보는 시야를 기르는 것이 중요하다는 것을 깨닫습니다. 또한 멈추지 않고 계속 배우며, 변화에 적응하는 유연함도 필요합니다. 그렇게 함으로써 아이와 함께 발맞추어 미래로 나아가는 부모가 되고자 합니다.

아울러 세상이 급변할수록 잃지 말아야 할 건 마음의 여유라고 마음을 다잡습니다. 여유를 잃는 순간 불안이 엄습하고, 불안은 몸과 영혼의 에너지를 집어삼킵니다. "변화를 즐기고 매 순간 재미있게 살자."라고 얘기해 줄 수 있는 부모라면 좋겠습니다. 공부도, 일도, 노는 것도 재미있게 하면 된다고.

길지 않은 인생입니다. 정답도 없습니다. 100세 철학자인 김형석 연세대학교 명예교수는 부모들에게 이렇게 조언합니다.

> "인생은 50이 되기 전에 평가해서는 안 된다. 그래서 자녀를 키울 때도 이 애들이 50쯤 되면 어떤 인간으로 사회에 도움을 줄 수 있을까를 생각하는 것이 옳다고 생각한다. 나는 지금도 성공보다는 최선을 다하는 사람이 행복하며, 유명해지기보다는 사회에 기여하는 인생이 더 귀하다고 믿는다."

세상엔 크기도 모양도 저마다 다른 수많은 구멍이 있습니다. 아이가 최선을 다해 자기 몫을 채우며 세상에 보탬이 되고, 행복함을 느낀다면 그것으로 성공 아닐까요? '미래력'으로 다져진 아이는 어떤 파도도 즐겁게, 여유 있게, 행복하게 넘어서리라 믿습니다.

　인공지능과 함께 미래를 살아갈 아이를 키우는 엄마로서 고민이 많았습니다. 이 책은 그 답을 찾아가며 노력해 온 과정의 기록입니다.

　단지 내 욕심을 채우고 내 불안을 잠재울 아이로 키우려 하지 않겠다고 나지막이 다짐해 봅니다. 부디 이 책이 변화의 시대를 살아가는 부모님들께 방향을 찾는 데 조금이나마 도움이 될 수 있기를 바랍니다.

저자 임지은

차례

1장

새로운 미래를
선점하라

디지털 이주민인 부모는 신인류 '디지털 네이티브'를
어떻게 키워야 할지 고민해야 한다.
부모의 재력과 정보력이 '부모력'이던 시절은 지났다.
스스로 물어보자.
나는 미래를 내다보며 아이를 키우는 부모인가?
아이에게 공부해야 하는 이유를 제대로 알려 주고 있는가?

달라지는
일자리 지도

2023년 7월, 세계 최초로 인간과 로봇이 함께 하는 기자간담회가 열렸다. 스위스 제네바에서 국제전기통신연합 ITU이 주최한 '선善을 위한 인공지능AI' 포럼의 현장이었다. 최신 생성형 AI 기술이 탑재된 휴머노이드 로봇들은 다양한 질문을 받았는데, 그중 하나는 '일자리' 문제였다. 의료용 로봇 '그레이스'는 이에 대해 이렇게 답했다.

"나는 인간과 함께 도움과 지원을 제공할 것이다. 기존의 일자리를 대체하지 않을 것이다."

그 말을 듣고 그레이스의 제작자인 벤 고어트젤이 다시 물었다.

"그레이스, 그 말이 확실한가?"

그레이스는 머뭇거림 없이 답했다.

"확신한다."

하지만 안타깝게도 이제 하늘 아래 확실한 것은 없다. 불과 몇 해 전만 해도 소프트웨어 개발자들의 몸값은 '부르는 게 값'이었다. 디지털 전환이란 물결이 산업 전반에 휘몰아치면서 대기업, 중소기업 스타트업 할 것 없이 개발자 모시기에 들어갔다. 정부는 디지털 인재 100만 명 양성 프로젝트를 추진했고, 대학강의실에는 컴퓨터 공학을 전공하지 않은 학생들까지 몰려들어 인산인해를 이뤘다. 개발자는 꿈의 직업이었다.

그런데 몇 년 사이 상황이 완전히 달라졌다. 취준생(취업준비생)들 사이에 '취업 깡패'라 불리던 개발 채용 시장이 꽁꽁 얼어붙은 것이다. "주변에 프리랜서건 정규직이건 권고사직 당한 개발자가 너무 많다. 나도 언제 잘릴지 무섭다." 서울 구로구 소재 정보기술 IT 기업에서 6년 차 개발자로 일하고 있는 김모 씨의 고민은 깊어졌다.

이러한 변화의 원인은 여러 가지가 있겠지만, 가장 큰 요인은 생성형 AI의 급부상이다. 챗GPT 같은 생성형 AI 도구의 등장은 직업 시장의 판도를 근본적으로 흔들고 있다. 바뀐 분위기에 대해 다음과 같이 전했다.

"확실히 학원에 등록하려고 하는 학생이 줄었고 전공자들도 취업이 어렵다 보니, 오히려 비전공자보다 전공자가 학원에 등록하기도 합니다. 개발 직군 취업이 정말 어려워진 게 맞고 보통 웹 개발을 중심으로 개발자를 양성했는데 이젠 웹 개발만 해선 취업이 거의 불가능하기 때문에 수요가 있는 인공지능AI 교육을 접목한 수업을 하고 있습니다."

불과 3~4년 사이에 벌어진 변화라고는 믿기 어려울 정도다. 현실에서 AI 활용 간증 사례는 차고 넘친다. 한 중소기업은 더 이상 번역 담당자를 고용하지 않고, 기존 인력의 절반만으로 운영하고 있다고 한다. 어떤 스타트업은 신입 개발자 없이 팀장이 혼자 AI를 활용해 모든 개발을 맡는다. 한 대기업 팀은 챗GPT를 활용해 이전에 2주 걸리던 업무를 단 몇 시간 만에 끝냈다고 한다. 생성형 AI의 등장은 직업 세계의 기존 질서를 완전히 뒤흔들고 있다.

흥미로운 건 가장 변화가 늦게 찾아올 것으로 예상됐던 창의적 영역까지 AI의 침투가 빠르게 진행되고 있다는 것이다. 미국 할리우드에서는 미국작가조합과 미국배우·방송인노동조합SAG-AFTRA이 함께 파업에 돌입했다. 이들은 AI가 작가를 대신해 대본을 쓰고, 배우의 연기를 복제해 사용하는 상황에 반발하며, 자신들의 생존권을 보장할 것을 강하게 요구했다.

미술 분야도 AI의 영향에서 자유롭지 않다. 2024년 7월, 시카고

예술아카데미가 문을 닫은 데 이어, 미국에서 가장 오래된 미술대학인 펜실베이니아 미술아카데미마저 폐교를 결정했다. 전문가들은 이를 AI가 디자인 등 미술 관련 직종의 자리를 잠식한 결과로 진단하고 있다.

벤 자오 시카고대 컴퓨터공학과 교수는 이와 관련해 "게임회사 등에서 고용하던 유명 예술가들이 AI로 대체되며 직업을 잃는 상황이 알려지자, 학생들이 학교를 떠나거나 진학을 포기하고 있다. 학교에서는 비용 절감을 위해 애쓰고 있지만, 더는 유지가 어려운 상황이다."라고 분석했다.

AI와 함께 살아가야 하는 새로운 세상에서 우리는 어떤 선택을 해야 할까? 내 직업은 AI로부터 안전할까? 아니, 그보다 더 근본적인 질문이 떠오른다.

'AI 시대에 변화를 읽고, 예측하고, 대응하는 것이 과연 가능하기나 한 일인가?' 그리고 '그런 노력이 과연 의미가 있는 걸까?'

기껏 준비한 기술과 능력이 순식간에 무용지물이 될 수 있다는 생각은 불안과 암울함을 더할 뿐이다. 하지만 이러한 불확실성 속에서도 넋 놓고 바라만 보고 있을 수는 없다. 세계경제포럼WEF이 발표한 '2023년 일자리 미래 보고서'에 따르면, AI 기술의 발달로 2027년까지 약 8,300만 개의 인간 일자리가 대체될 수 있다고 한다.

사무직, 비서, 은행원, 우편서비스 사무원, 출납원·매표원, 데이터 입력원 등 이른바 '실수 없는 반복 업무'가 대표적인 대상이다.

반면, AI 도입으로 6,900만 개의 새로운 일자리가 창출될 것으로 예상돼, 단순 계산으로는 약 1,400만 개의 일자리에서 더 이상 인간의 손길이 필요하지 않게 된다. 주목할 점은 새로 탄생하는 일자리의 특징이다. 세계경제포럼은 AI 및 기계학습 전문가, 비즈니스 인텔리전스 분석가, 정보보안 전문가, 핀테크 엔지니어, 데이터 분석가 등 AI 기술을 관리·고도화·활용하는 전문 인력에 대한 수요가 크게 증가할 것으로 전망했다.

역사적으로 과학적 진보와 기술의 발달은 고용시장의 판도를 크게 변화시켜 왔다. 17세기 증기기관의 발명은 생산성을 획기적으로 증가시키는 기계의 탄생을 이끌었고, 이는 산업혁명으로 이어지며 노동시장에서 숙련공들의 자리를 기계가 대체하게 되었다.

AI가 만들어낼 기술혁명도 이와 유사한 파급효과를 일으킬 것으로 예상되지만, 몇 가지 차이점이 존재한다. 기존의 자동화 기술이 주로 저소득·저학력 인력을 대상으로 영향을 미쳤다면, AI 기술은 고소득·고학력 직종에도 영향을 미칠 것이다. 이는 AI가 기존의 자동화 기술과 달리 비정형화된 업무와 인지적 업무까지 처리할 수 있기 때문이며, 그 결과 더 넓은 범위의 직종에 변화를 가져올 것이다.

미래 일자리에 대한 전망은 여기저기서 나오고 있지만, 그 어떤

것도 확실히 장담할 수 없는 현실이다. AI 업계에 몸담고 있는 전문가들은 섣불리 어떤 일자리가 사라지고 어떤 일자리가 생길지 전망하는 것을 경계한다. 내일 어떤 기술이 등장할지 예측할 수 없기 때문이다.

유망한 직업은 시시각각 변하기 때문에, 어떤 직업이 유망하다고 판단하고 그 방향으로 나아가겠다고 결정하는 것은 의미가 없을지도 모른다. 예를 들어, 일자리를 찾는 코딩 개발자들이 점점 더 늘어나고 있다는 소식이 전해지기도 한다. 따라서 아이들이 좋아하고 잘하는 분야를 파고드는 것이 중요하며, AI를 자신의 전문성을 더하는 데 얼마나 잘 활용할 수 있는지가 핵심이 될 것이다.

결국, 사이언스 분야 최고 영예인 미국 컴퓨터학회ACM 데이터베이스 연구회 혁신상을 2년 연속 수상한 컴퓨터 과학계의 대가 페드로 도밍고스(워싱턴주립대 명예교수)의 말에 고개를 끄덕일 수밖에 없다.

> "미래는 사람과 AI가 대결하는 구도가 아니라, AI를 능숙하게 다루는 사람과 그렇지 못한 사람의 구도가 될 것이다. AI 활용 능력이 직업과 기회를 좌우하는 중요한 요소가 될 것이다."

늘 그렇듯 변화는 위기도 기회도 함께 가져온다. 미래에 대한 수

많은 전망이 있지만, 변하지 않는 중요한 조언이 있다. 그것은 아이들이 AI 시대에 적응하고 성장할 수 있도록 단순한 지식이 아니라, '역량' 교육에 집중해야 한다는 것이다. 미래에 갖춰야 할 역량은 창의성, 비판적 사고력, 소통, 협업 능력 등으로 요약될 수 있다. 나는 이를 크게 여섯 가지로 정리해 보았다.

아이에게
어떤 역량을 키워줘야 할까?

첫째, 인공지능과 경쟁할 수 없는 '인간 고유의 힘'을 기르고, 어떠한 변화 속에서도 중심을 잃지 않는 '자기다움'을 가져야 한다. 뿌리가 단단히 자리 잡은 아이는 어떤 풍랑이 와도 유연하게 넘나들며 파도를 탈 수 있다. 자기 자신에 대해 잘 알고, 삶의 목적을 명확히 가지고 있는 아이는 쉴 새 없는 변화가 밀려와도 방향을 잃지 않고 목적지를 향해 나아갈 수 있다.

둘째, 평생 배움을 즐겨야 한다. 앞으로는 명문대학에 들어가 얻는 프리미엄이 그리 크지 않다. 이미 세계 유수 대학의 저명한 강의를 어디서든 온라인으로 들을 수 있고, 비대면 시대가 도래하면서 학연, 지연이 사라지고 있다. 중요한 것은 '번아웃'되지 않고 꾸준히 배울 수 있는 능력을 갖추는 것이다. 그러려면 공부를 즐겨야 한다.

셋째, 함께하고 싶은 사람이 되어야 한다. 다시 말해, 인간성이 좋아야 살아남는다. 한 사람이 모든 분야에서 전문성을 갖기란 불가능하다. 서로의 생각을 연결해 시너지를 낼 수 있어야 한다. 리더십에 있어서는 '나를 따르라'는 'Me 리더십'이 아닌 'We 리더십'을 갖춰야 한다. '나'보다 '우리', '혼자'보다 '함께' 성장하는 마인드를 갖고 섬기는 리더십을 발휘해야 한다.

넷째, 남보다 잘하는 것이 아니라 남과 다르게 생각하는 힘이 필요하다. 최고의 경쟁력은 경쟁하지 않는 것이다. 이제 사회는 'the best'가 아니라 'the only one'을 원한다. 그 어떤 것도 당연하게 생각하지 않고, 의문을 제기하는 데서 창의적 혁신이 일어난다. 마음껏 상상하고, 관찰하고, 경탄할 줄 알아야 새로움이 보인다.

다섯째, 문제해결 능력이다. 앞으로는 학교에서 가르쳐주는 정답이 아니라 삶 속에서 마주하는 문제를 발견하고, 스스로 해결해나갈 수 있는 능력이 필요하다.

여섯째, 'AI·디지털 리터러시'다. 'AI·디지털 네이티브'가 살아갈 세상에서 'AI·디지털 리터러시'는 마치 국영수를 배워야 하는 것과 같다. AI·디지털 시대의 AI·디지털 리터러시는 인공지능을 이해하고 활용하며, 데이터를 분석하고 비판적으로 사고하는 능력, 그리고 AI와 효과적으로 협업할 수 있는 실질적이고 윤리적인 역량을 키우는 것이다.

★ 미래 인재를 위한 TIP

챗GPT가 답변한 '노동의 미래'

인공지능(AI)은 인간 노동에 여러 가지 영향을 미친다.

1. 반복적이고 규칙 기반의 작업은 AI에 의해 자동화된다. 생산성과 효율성을 높이지만, 일부 직업이 사라지거나 축소될 수 있다.

2. AI 기술 발전은 새로운 산업과 직업을 창출한다. 데이터 분석가, AI 윤리 전문가, 로봇 운영자 등 새로운 직업군이 등장한다.

3. 많은 직종에서 AI가 보조 역할을 해 인간이 더 창의적이고 전략적인 작업에 집중할 수 있다. AI는 일상적인 업무를 자동화하고, 인간은 고차원적인 작업에 더 집중할 수 있게 된다.

4. 데이터 분석, 프로그래밍 등 신기술이 중요해지며, 새로운 스킬을 배워야 한다. 기술 변화에 발맞춰 학습과 자기계발이 필요해진다.

5. 원격 근무와 프리랜서 작업 증가 등 노동 유연성이 커진다. AI와 디지털 기술이 노동 환경을 더욱 유연하게 만든다.

6. AI 발전은 경제적 불평등을 심화시킬 우려가 있다. 따라서 교육과 훈련의 기회가 중요해진다. AI 기술을 이해하고 다룰 수 있는 능력을 키우는 것이 필수적이다.

사라지는 직업과 떠오르는 직업

★ 사라지는 직업: AI가 대체하는 분야

1. 데이터 입력 전문가

AI는 하루에도 수십만 건의 데이터를 처리하며 오류 없이 결과를 도출한다.

- 예: 병원에서 환자 진료 기록 작성 업무를 AI가 자동으로 처리.

2. 번역가

AI 번역 도구는 사람보다 빠르고, 점점 더 정확해지고 있다.

- 예: 글로벌 기업이 제품 설명서를 20개 언어로 번역하는 데 몇 달이 걸리던 작업을 하루 만에 완료.

3. 텔레마케터와 기본 고객 서비스

챗봇과 음성 AI는 간단한 문의 사항을 사람보다 더 빠르고 정확하게 처리한다.

- 예: 온라인 쇼핑몰에서 배송 문의와 환불 요청의 85%를 AI가 처리.

★ 새롭게 떠오르는 직업

1. AI 윤리학자

AI 알고리즘의 데이터를 감시하며 윤리적 통찰력을 적용. AI의 사회적 영향과 윤리적 문제를 해결하는 역할.

2. AI 보호 분석가

AI 기술의 해킹 방지 및 데이터 보안 강화를 담당. AI 시스템의 보안 취약점을 분석하고 해결책을 제시.

3. VR 경험 디자이너

몰입형 콘텐츠 제작으로 교육과 엔터테인먼트 분야에서 수요 증가. 가상현실을 활용한 교육 프로그램이나 게임 등의 디자인을 담당.

4. AI 솔루션 분석가

기업의 업무 효율화를 위한 AI 기술 도입 전략을 설계. AI 솔루션을 분석하고 기업의 필요에 맞는 효율적인 AI 기술 제안.

5. AI 트레이너

AI가 실질적 결과를 학습할 수 있도록 데이터와 학습 과정을 설계. AI 모델이 데이터를 통해 학습하고 최적화될 수 있도록 훈련하는 역할.

가장 빨리 늘어날 일자리, 사라질 일자리 톱10(2023-2027년)

AI 및 머신러닝 전문가	은행 텔러 및 관련 직원
지속가능성 전문가	우체국 직원
비즈니스 인텔리전스(BI) 분석가	계산원 및 매표원
정보보안 분석가	데이터 입력 담당자
핀테크 엔지니어	행정 및 집행 비서
데이터 에널리스트 · 과학자	자료 기록 및 재고 관리 사무원
로보틱스 엔지니어	회계, 부기 및 급여 사무원
빅데이터 전문가	가전제품 설치 및 수리공
농업장비 운영자	입법부 의원 및 공무원
디지털 전환 전문가	통계 · 재무 · 보험 사무원

*자료: 세계경제포럼(WFF) '일자리의 미래' 보고서

AI 시대,
적응형 인재가 살아남는다

"살아남는 종은 강하거나 지적인 종이

아니라, 변화에 잘 적응하는 종이다."

_찰스 다윈

    찰스 다윈의 통찰은 세월이 흘러도 변하지 않는다. AI 시대에도
변화에 적응하는 자가 생존한다. AI 기술의 도입으로 많은 직업이
사라지고 새로운 직업이 생기고 있으며, 기존 방식으로는 지속 가
능한 성장을 기대하기 어려운 상황이다. 중요한 건 변화에 대한 빠
른 대응 능력, 그리고 그 변화를 자신의 기회로 전환할 수 있는 적응
형 인재Adaptive Talent가 되는 것이다.

불과 몇 년 전만 해도 '애자일 인재Agile Talent'가 주목받았다. 변화의 속도가 빨라지면서 신속하고 유연하게 대응할 수 있는 능력이 성공의 게임체인저로 여겨졌기 때문이다. 애자일 인재는 변화의 파도가 닥치면 그 즉시 방향을 전환해 속도를 맞춰 나가며, 효율적 목표 달성에 초점을 뒀다. 넷플릭스Netflix나 아마존Amazon 같은 기업이 빠르게 변하는 시장에 적응하기 위해 조직을 애자일하게 운영했던 이유도 바로 여기에 있다.

그런데 이젠 단순히 빠르게 반응하는 애자일 인재로는 충분하지 않다. AI 시대에는 적응형 인재가 필요하다. **적응형 인재는 불확실성과 복잡성이 가득한 환경에서도 단순히 변화에 대응하는 것을 넘어, 창의적으로 문제를 풀고 새로운 기회를 만들어내는 사람들이다. 변화의 파도를 타는 것을 넘어, 아예 새로운 파도를 만들어내는 역량이 요구된다.** 다시 말해, 애자일 인재는 빠르고 효율적인 실행력에 중점을 둔다면, 적응형 인재는 창의적 대처와 주도적 문제해결 능력을 갖고 변화의 흐름을 주도해 나간다. 과거에는 변화에 반응하는 시대였다면, 이제는 변화 속에서 새로운 가치를 창출해야 하는 시대가 되었다.

"당신은 단순히 파도를 타는 사람인가, 아니면 새로운 파도를 만들어낼 준비가 된 사람인가?"

적응형 인재에게
필요한 역량

적응형 인재란, 빠른 학습 능력과 유연한 사고방식을 가진 사람을 말한다. 단순히 새로운 기술을 익히는 것에서 그치지 않고, 변화하는 상황에 맞춰 문제를 해결하고 그 과정에서 얻은 통찰을 바탕으로 성장할 수 있어야 한다. 적응형 인재에게 필요한 주요 역량은 다음과 같다.

학습 민첩성: AI 시대에 지식의 유효기간은 점점 짧아지고 있다. 따라서 끊임없이 배우고, 새로운 지식과 기술을 빠르게 습득하는 능력이 중요하다. 이는 단순한 기술적인 학습을 넘어, 새로운 문제에 직면했을 때 그 문제를 탐구하고 해결하는 능력을 포함한다. 〈하버드 비즈니스 리뷰〉에 따르면, 학습 민첩성이 높은 사람은 변화하는 환경에 더 잘 적응하고 성과를 낼 가능성이 높다.

창의적 문제해결 능력: AI가 일상, 반복적 업무의 많은 부분을 대신하게 된다. 인간에게 필요한 역량은 단순 업무가 아니라 창의적 문제해결 능력이다. 복잡한 문제를 이해하고 분석해 새로운 해결책을 찾는 능력이 중요하다.

협업과 소통 능력: 인공지능이 아무리 뛰어나더라도 사람 간의 협업은 여전히 중요한 가치다. 원활하게 소통하고, 각자의 아이디어를 공유, 발전시키며 목표를 이루기 위해선 협업과 소통 능력이 필수 역량이다. AI는 정보를 제공하고 분석할 수 있지만, 인간은 그 정보를 바탕으로 서로 협력하며 시너지를 만들어낼 수 있다. 스탠포드 대학의 연구에 따르면, 팀의 협업 능력이 높은 조직은 그렇지 않은 조직보다 생산성이 20% 이상 높다.

심리적 유연성: 변화가 빠르게 진행되는 환경에서는 실패와 실수는 피할 수 없는 요소다. 중요한 것은 실패를 두려워하지 않고 그 경험을 바탕으로 배우며 계속해서 도전하는 자세다. 적응형 인재는 자신이 직면한 실패를 성장의 발판으로 삼아 끊임없이 발전해 나간다. 『Resilience 리질리언스』의 저자 조앤 보리센코는 실패를 경험으로 삼아 계속 도전하는 것이 현대 사회에서 중요한 생존 전략이라고 강조한다.

끊임없이 변화하고
도전하는 인재가 돼라

AI는 우리의 삶과 일터를 급격히 변화시키고 있다. 그 변화 속에서도 살아남고 성공하는 것은 결국 인간의 적응력과 창의성에 달려 있다. 평생 학습을 통해 새로운 지식을 습득하고, 변화에 유연하게 대응하며, 실패를 두려워하지 않고 도전하는 자세를 가진 적응형 인재가 AI 시대의 주인공이 될 것이다.

기업은 이제 더 이상 기존의 위계 조직을 고수할 수 없다. 역할과 책임을 중심으로 한 조직으로의 변화, 그리고 개인의 주도적 역할 수행이 중요해지고 있다. AI 시대의 변화는 우리에게 위기일 수도 있지만, 그 속에서 기회를 찾는 적응형 인재에게는 무한한 가능성의 시대이기도 하다.

지금 이 순간에도 AI는 똑똑해지고 있으며, 그 속도는 우리의 상상 이상으로 빠르다. 사티아 나델라 마이크로소프트 CEO의 조언이 무게감 있게 다가온다.

"성공은 배운 것을 얼마나 빨리 잊고 새롭게 적응하느냐에 달려 있다."

AI 시대,
교육 혁명

얼마 전 아들아이가 수학 숙제를 한다면서 핸드폰을 뚫어지게 보고 있었다. 또 게임을 하나싶어 잔소리를 하려던 차, '콴다'라는 수학 문제 풀이 앱을 보여준다.

"수학 문제를 찍어서 올리면 문제를 풀어줘요. 과정부터 답까지 전부요." 뭐라 말을 해야 할지 'AI 이주민'인 나는 난감하기 이를 데 없었다. 부모와 교사가 모르고 있는 AI 서비스를 아이들이 분별없이 쓴다면 그로 인한 부작용은 불 보듯 뻔하다.

AI가 알려 주는 답을 사고하는 과정 없이 받아들인다면, AI에 종속되는 일은 시간문제일 것이다. 마음이 조급해진다.

모든 학생에게 24시간 상주하는 맞춤형 튜터가 있다면? 밤늦게 수학 문제를 풀다가 궁금한 점이 생기면 풀이 과정과 답을 상세히 알려주고, 개념 정리까지 친절하게 해준다면? 이런 모습은 머지않아 현실이 될지도 모른다. 생성형 AI는 일방적인 학습 교재와 달리 학생의 수준과 이해도에 맞게 학습을 돕는다. 미국의 한 고등학교에서는 이미 학생들이 에세이를 쓰면 AI 학습 시스템이 맞춤법, 띄어쓰기는 물론 논리성, 일관성, 예시의 적합성 등을 다양한 관점에서 분석해 글의 장단점을 알려 준다. 글이 더 좋아지기 위해 어떤 부분을 어떻게 고쳐야 하는지도 제안해 준다. 뉴욕타임즈는 이 사례를 소개하며 "학생들은 이제 단순히 암기하는 것이 아니라, 스스로 더 깊이 탐구하고 생각을 창의적으로 발전시킬 기회를 얻었다."라고 평가했다.

생성형 AI의 발전은 교육의 본질과 방식에 획기적인 변화를 불러오고 있다. 예전에는 교사와 책이 주된 정보 제공원으로, 학생들이 이를 암기하는 것이 학습의 핵심이라고 여겨졌다. 그러나 이제 이러한 접근만으로는 충분하지 않다. AI가 방대한 정보를 손쉽게 제공하는 시대에 학생들에게 진정으로 필요한 것은 정보를 비판적으로 분석하고, 이를 바탕으로 새로운 가치를 창출하는 창의적 사고다. 새로운 교육 패러다임의 핵심은 바로 이러한 '능동적 학습'에 있다.

지식 전달에서
비판적 사고로의 대전환

이제는 정보를 외우기만 해서는 아무런 경쟁력이 없다. 구글이나 챗GPT 같은 AI는 우리가 묻는 질문에 대해 방대한 정보를 한순간에 찾아준다. 하지만 그 정보가 다 맞는 걸까? 아니면 그저 그럴싸해 보이는 걸까? 학생들은 이제 AI가 주는 정보를 그대로 받아들이기보다는 스스로 검증하고 판단하는 비판적 사고를 길러야 한다. 사실 요즘 아이들이 인터넷에서 접하는 정보들은 너무나도 많고, 때론 그 출처조차 불분명하다.

따라서 비판적 사고는 더 이상 선택이 아니라 필수로 자리잡게 되었다. 여러 국내외 연구에 따르면, 비판적 사고 훈련을 받은 학생들은 그렇지 않은 학생들보다 온라인 정보의 신뢰도를 평가하는 능력이 훨씬 뛰어나다고 한다. 이제 교육의 중심은 '얼마나 많이 외웠느냐'가 아닌, '얼마나 깊이 사고할 수 있느냐'로 옮겨가고 있다.

1. 창의적 학습과 문제해결 능력 강화

AI가 모든 정답을 알려 준다고 해도, 그 정답을 어떻게 활용해서 실제 문제를 해결할지는 여전히 우리의 몫이다. 요즘 교육은 학생들이 AI를 도구로 활용해 창의적인 해결책을 찾아내도록 돕고 있다. 그게 바로 프로젝트 기반 학습이다. '지역의 환경 문제를 어떻게 해결할 수 있을까?'라는 질문을 던졌을 때, 학생들은 AI를 통해 관련 데이터를 모으고 분석할 수 있지만, 결국 그 데이터를 해석하고 자신만의 해결책을 제시하는 건 학생들의 몫이다. 그 과정에서 아이들은 창의적 사고력을 기르고, 문제를 바라보는 새로운 관점을 갖게 된다. 말하자면 AI는 도구이고, 인간은 그 도구를 활용해 새로움을 만들어내는 존재다. 요즘 학생들에게 필요한 건 바로 이런 'AI와의 협업' 능력이다.

2. 학습 방식의 개인화와 맞춤형 교육

모두에게 같은 속도, 같은 내용을 강요하는 교육은 AI 시대에 맞지 않는다. AI는 학생 개개인의 학습 스타일과 속도에 맞춘 맞춤형 피드백을 제공할 수 있다. '칸 아카데미' 같은 플랫폼이 대표적인 예다. AI는 학생의 학습 패턴을 분석해, 어디에서 막히고, 어떤 부분을 더 강화해야 하는지를 알아내고, 그에 맞춘 피드백을 제공한다.

이렇게 맞춤형 교육이 가능해지면서 학생들은 자신의 속도에 맞춰 학습하고, 더 어려운 문제에도 도전할 수 있는 자신감을 얻게 된다. 예전처럼 학급 전체가 한 가지 방식으로 몰아가는 시대는 지났다. 이제는 각자 자신에게 맞는 방식으로 배우고 성장할 수 있는 환경을 만들어야 한다.

3. 교사의 역할 변화: 가이드와 촉진자로서의 교사

AI가 지식을 전달하는 역할을 대신하게 되면서 교사의 역할도 변화할 것이다. 지금처럼 지식을 전달하는 사람이 아니라, 학생들이 AI를 활용해 학습할 수 있도록 동기를 부여하고 그 과정에서 지도를 하는 코치 역할을 맡게 될 것이다. 학생이 쓴 글을 검토하고, 학생이 더 나은 발상을 할 수 있도록 질문을 던지는 방식이다. 스탠퍼드대학 교육대학원 폴 김 부학장은 오래전부터 "교사의 역할이 정보를 전달하는 '티칭'에서 학습 동기를 부여하고 관리하는 '코칭'으로 옮겨가야 한다"라고 주장해 왔다.

> "코치가 스타를 만들듯 교사는 학생에 대해 정말 잘 알아야 한다. 코치는 자기가 아는 걸 일방적으로 쏟아내 가르치지 않는다. 학생들 한 명 한 명의 특성과 자질을 파악하고 끊임없이 피드백해야 한다."

교육이 추구하는 가치도 변하고 있다. 실리콘밸리 인재 양성 허브 스탠퍼드대학에선 상대평가 방식이 없다. 경쟁은 팀 단위로 이뤄진다. 경쟁에서 이기려면 팀워크가 무엇보다 중요하기 때문이다. 폴 김 부학장은 스탠퍼드 출신들의 약진에 대해 이렇게 설명한다.

> "팀 단위의 협업과 경쟁, 다양한 아이디어가 시너지를 낸다. 계속

팀이 바뀌면서 다양한 동료들과 상호작용하면서 지적 소스를 얻고 새로운 아이디어를 창출한다. 성격이나 스타일이 맞지 않는 학생들과 갈등도 겪고 이를 극복하면서 프로젝트를 수행하다 보면 사회성도 발달한다. 문제에 대해 본인과 다른 방식으로 접근하는 학생들과 협업하다 보면 자연스럽게 성장하게 된다. 이 과정에서 비즈니스 현장에서 필요로 하는 경쟁력을 갖춘 인재가 된다."

4. 학습 평가의 변화

AI 시대에 제각각 다른 아이들을 떡시루에 쪄서 네모반듯하게 자르는 교육으론 AI시대가 요구하는 인재를 길러낼 수 없다. 기존의 줄세우기식 시험과 과제 중심의 평가는 더 이상 유효하지 않을 수 있다. AI가 과제를 대신할 수 있는 시대에 접어들면서, 평가 방식도 변화해야 한다는 목소리가 커지고 있다. 지금까지는 학교에서 배운 지식을 바탕으로 집에서 문제를 푸는 방식이었다면, 앞으로는 지식 전달 수업은 집에서 과제로 하고, 학교에서 토론과 글쓰기 등으로 평가하는 방식이 될 수 있다. 또한 과제의 결과물보다 그 과정에서 학생이 얼마나 고민하고 노력했는지를 평가하게 될 것이다.

기술 발달로 많은 일자리가 생기고 사라질 것이다. 대학에서 배운 지식과 기술이 졸업과 동시에 무용지물이 될 수도 있다. 이제 중요한 것은 어느 대학에서 무엇을 배웠느냐가 아니라, 변화를 읽어내고 빠르게 배울 수 있는 능력이다. 우리는 변화에 적응하고, 그 속에서 새로운 것을 찾아내고 만들어내야 한다.

명문대의 높은 벽은 이미 허물어지고 있다. 하버드, MIT, 스탠퍼드 등 전 세계 유명 대학의 강의를 무료로 들을 수 있는 기회가 열렸다. 한국도 케이무크K-MOOC를 통해 유수 대학 강의를 공개하고 있으며, 컴퓨터만 있으면 시골집에서도 명문대 강의를 듣는 효과를 누릴 수 있다.

『디지털 네이티브』등 다수의 책을 쓴 미래 교육 전문가 마크 프렌스키Marc Prensky는 한 걸음 더 나아가, 소위 21세기 역량으로 꼽히는 소통, 비판적 사고, 창의성, 협업 등의 역량 교육만으로는 충분하지 않다고 주장하고 있다.

"아이들은 기술을 활용해 무엇이든 할 수 있다. 웹사이트에 신문을 만들 수도 있고, 수백만의 사람들과 소통할 수 있다. 학창 시절에 배우고 나중에 뭔가를 하는 게 아니라, 아이들이 배우면서 동시에 뭔가를 할 수 있어야 한다. 아이들 각자가 실질적인 사회문제를 찾도록 돕고, 사회에 참여할 수 있도록 해야 한다. 더 나은 세상을 만들 수 있는 역량을 길러 줘야 한다. 이미 '적절하다고 공인'되거나 '유의미한' 문제로 가득 찬 교과서는 필요 없다."

실제 아쇼카Ashoka와 같은 학교 밖 기관들은 아이들에게 '변화를 주도하는 사람'이 되라고 독려한다. 세상을 바꾸고 싶다는 아이들은 밖으로 나가 세상을 바꾸고 있다.

마크 프렌스키는 몇 가지 예를 들었다. 중남미의 거칠고 척박한 땅에서 학생들은 드론을 활용해 곡식을 심자는 제안을 실제로 이뤄냈다. 미국 미시간에서는 수돗물에서 철 성분이 발견돼 물을 마실 수 없는 상황에서, 열한 살 아이가 휴대전화에 철선을 연결해 물에 철분 성분이 있는지 확인하는 방법을 발견해냈다. 지금도 지구촌 어디선가는 아이들이 각자 당면한 문제를 적극적으로 해결해 나가고 있다.

일본이 객관식 시험을 폐지한 이유

교육 혁명은 이미 선진국을 중심으로 '현재진행형'이다. 몇 년 전 미국 교육계를 놀라게 한 발표가 있었다. 미국 100대 명문 사립고등학교가 성적증명서에 과목별 성적을 빼고 핵심 역량 성취도를 중심으로 기재한다는 것이 골자였다. 미국 교육 전문지 《인사이드 하이어 에드Inside Higher Ed》에 따르면, 8대 핵심 역량은 다음과 같다.

1. 분석적·창의적 사고능력

2. 복합적 의사소통

3. 리더십과 팀워크

4. 디지털·양적 리터러시

5. 세계적 시각

6. 적응력·진취성·모험정신

7. 진실성과 윤리적 의사결정

8. 마음의 습관

현재 교육으로는 미래 일자리가 요구하는 인재를 키울 수 없다는 판단에서, 일본은 2020년에 우리나라 수능과 같은 객관식 시험을 폐지했다. 우선 대학 입시에서 중요한 비중을 차지하는 국어와 수학부터 객관식 시험을 없애고, 논술형 시험으로 바꾸었다. 또한 암기력을 테스트하는 대신, 아이들의 생각을 묻는 서술과 논술, 에세이, 프레젠테이션을 도입했다. 이는 사회가 요구하는 복합적 문제를 풀 수 있는 사고력과 문제해결력을 키워 주자는 취지에서 시작되었다. 또한 미국 뉴욕의 공립 중학교인 퀘스트투런Quest to Learn,

Q2L은 전 교과과정에 게임을 도입해 활용하고 있다. 기존의 교과 구별을 없애고, 아이들의 흥미를 유발하는 '게임 친화 학습'을 도입했다. 게임 속 캐릭터의 임무를 수행하며 자연스레 지식과 문제해결력을 기르는 교육법이다.

세계적 미래학자 토머스 프레이는 저서 『에피파니Z』에서 대학 졸업장이 '신분의 상징'이던 시대는 끝났다고 했다. 그는 평생 재교육과 개인 능력에 대한 세밀한 평가를 바탕으로 한 '정량화된 자아自我'의 시대가 도래할 것이라고 예고했다. 또한 그는 '향후 10년간 전세계 대학의 절반가량이 사라질 것'이라고 경고했다.

> "2030년에 경제 활동을 시작하는 사람은 평생 8~10개 직업을 바꿔 가며 일하게 될 것이다. 이를 위해 매우 구체적인 기술 재교육이 필요하다. 예를 들어, 3D 프린팅 디자이너, 드론 조종사가 되는 걸 배우는 거다. 다시 대학으로 돌아가 2년간 공부해 새로 학위를 따는 건 말이 안 된다. 대신 2주~2개월짜리 짧은 교육에 대한 수요가 크게 높아질 것이다. 그런 교육을 제공하는 '마이크로 대학micro college'이 대세가 된다."

지금 우리의 교육은 혁신을 넘어 '혁명'이 필요한 시점이다. 그래야만 AI 혁명의 파고를 무사히 넘을 수 있다. 교실은 학생들이 주체가 되어 각자의 관심과 수준에 맞는 공부를 하고, 친구들과 함께 소통하고, 토론하고, 머리를 맞대 협업하는 '배움의 공동체'로 거듭나야 한다.

학교는 미래 사회가 요구하는 다양한 역량들을 끌어내고 키워줘야 한다. 배움의 즐거움을 함께 알아가는 곳이자 나의 가치를 찾아가는 공동체여야 한다. 끝없이 도전하고, 실패했을 때 서로 용기와 격려를 아끼지 않는 곳, 가장 좋아하고 잘하는 것을 찾아가는 공간이어야 한다. 나아가 더 나은 세상을 위해 기여하는 인재가 역동적으로 꿈틀거리며 자라는 곳이어야 한다. 정답 있는 지식은 인공지능이 제일 뛰어나니까 말이다.

★ 미래 인재를 위한 TIP

챗GPT와 같은 AI는 교육계에 엄청난 변화를 불러일으키고 있다. 긍정적 작용에 대한 기대감만큼 인공지능 기술을 어디까지 어떻게 허용하고, 교육시켜야 할지도 '뜨거운 감자'다. 그래서 챗GPT에게 물었다.

"네가 교육에 끼칠 부정적인 영향을 알고 있어? 해결책은 무엇이라 생각해?"

챗GPT: "네가 제기한 질문은 매우 중요해. 챗GPT와 같은 인공지능이 교육에 미치는 부정적인 영향과 이를 해결하기 위한 방안을 살펴보는 건 지금 시대에 꼭 필요한 논의야. AI는 분명 교육 환경을 변화시키고 있지만, 그 과정에서 여러 도전 과제와 부작용이 발생할 수 있어. 이를 구체적으로 살펴보고 해결책을 제안해 볼게."

AI가 교육에 끼칠 수 있는 부정적인 영향

1. 창의성과 비판적 사고 저하

"AI는 빠르고 효율적으로 정보를 제공하거나 글을 작성할 수 있지만, 이로 인해 학생들이 스스로 사고하거나 창의적으로 문제를 해결하려는 노력이 줄어들 가능성이 있어. 학생들은 AI를 이용해 과제를 쉽게 완성할 수 있지만, 그 과정에서 학습의 본질적인 목표가 희석될 위험이 존재해."

2. 표절과 학문적 부정직성 증가

"AI가 작성한 텍스트를 그대로 사용하는 것은 표절로 이어질 수 있어. 학생들이 스스로 글을 작성하기보다는 AI에게 의존하게 되면, 학문적 정직성의 가치가 훼손될 수 있어."

3. 비판적 데이터 활용 능력 부족

"AI가 생성한 결과물이 항상 정확하거나 신뢰할 만한 것은 아니야. 그러나 학생들은 AI가 제공한 정보를 무조건 신뢰할 가능성이 커. 이로 인해 데이터의 신뢰성을 판단하고 검증하는 능력이 저하될 위험이 있어."

4. 학습 격차 심화

"AI에 접근할 수 있는 환경이나 기술적 이해도가 개인마다 다르기 때문에, AI를 활용할 수 있는 학생과 그렇지 않은 학생 간의 학습 격차가 생길 가능성이 있어."

5. 의존성 증가

"AI에 지나치게 의존하게 되면 학생들이 자율적으로 학습하거나 문제를 해결하려는 능력이 약화될 수 있어. 이는 장기적으로 학습 의욕이나 자기주도 학습 능력의 저하로 이어질 수 있어."

해결책과 대응 방안

1. AI 활용의 윤리 교육 강화

"AI 사용에 대한 명확한 가이드라인과 윤리적 원칙을 가르쳐야 해. 학생들이 AI를 단순한 도구로 이해하고, 그것을 올바르게 활용할 수 있도록 돕는 교육이 필요해. 예를 들어, AI가 도움을 줄 수 있는 범위와 한계를 명확히 가르치는 것이 중요해."

2. 창의적 사고와 비판적 검증 능력 훈련

"학생들에게 AI가 제공하는 정보와 결과물을 비판적으로 검토하고 평가하는 방법을 가르쳐야 해. 예를 들어, AI가 작성한 글을 분석하고 그 속에서 오류나 편향을 발견하는 활동을 교육 과정에 포함할 수 있어."

3. AI와 협력하는 교육 모델 개발

"AI를 단순히 문제를 해결하는 도구로 사용하지 않고, 학생들이 AI와 협력하여 더 깊이 있는 학습을 할 수 있도록 교육 모델을 설계해야 해. 예를 들어, AI가 제공한 정보를 바탕으로 토론하거나 추가 연구를 진행하도록 유도하는 방식이 있어."

4. 학생 중심의 프로젝트 기반 학습 강화

"AI가 제공할 수 없는 개인적인 경험과 창의적인 아이디어를 중심으로 학습 과제를 설계하면, 학생들이 스스로 사고하고 문제를 해결하는 과정을 겪을 수 있어. AI는 보조 도구로 활용되지만, 최종 결과물은 학생의 고유한 사고와 창작물을 기반으로 해야 해."

5. 학문적 정직성을 위한 기술적 대응

"AI가 생성한 텍스트를 탐지하고, 이를 과도하게 사용하지 않도록 관리하는 도구를 도입할 수 있어. 또한 AI로 작성한 내용에 대한 명시적 고지를 요구하는 규정을 마련할 수도 있어."

6. 접근성 확대와 공정성 보장

"AI 기술에 대한 접근성을 모든 학생에게 공평하게 제공하여 학습 격차를 최소화해야 해. 공공 교육 시스템에서 AI 도구를 사용할 수 있도록 지원하거나 무료 교육 프로그램을 제공하는 방법도 고려할 수 있어."

결론: AI를 인간의 학습 도우미로 재정의하기

AI는 교육에서 강력한 도구가 될 수 있지만, 인간의 학습을 대신할 수는 없어. AI의 부정적인 영향을 최소화하려면, 이를 인간의 학습과 사고를 지원하는 도구로 재정의하고, 학생들이 스스로 배우고 성장할 수 있는 환경을 조성하는 데 초점을 맞춰야 해. 교육의 핵심은 AI가 아니라, 인간 고유의 창의성과 비판적 사고를 개발하는 것이라는 점을 항상 잊지 않아야 해.

챗GPT가 알려 주는 우리 집 AI 시대 교육

AI는 강력한 도구지만, 부모가 곁에서 방향을 잡아줘야 아이들이 진짜 성장할 수 있다. 기술이 앞서간다고 해서 우리 역할까지 줄어드는 건 아니다. 오히려 부모가 더 많이 아이 곁에 있어야 할 때다.

1. 맞춤형 학습의 적극적인 참여

AI 튜터 프로그램을 사용할 때, 부모는 아이의 학습 과정을 옆에서 지켜보며 필요할 때 적절한 피드백을 줘야 한다. 예를 들어, 아이가 AI가 제공한 문제를 풀 때 어려움을 겪는다면, 부모는 그 이유를 함께 파악하고 어떻게 하면 더 나아질 수 있을지 함께 고민해 볼 수 있다. 또한 AI가 제안하는 학습 계획을 검토하고, 아이의 학습 목표를 주기적으로 점검해 주는 것도 중요하다.

2. 프로젝트 기반 학습(PBL)에서의 지원

아이가 학교에서 진행하는 프로젝트 기반 학습에 대해 부모도 관심을 기울이고 지원해 줄 수 있다. 예를 들어, 아이가 환경 보호 프로젝트를 진행 중이라면, 가정에서도 재활용을 실천하거나 관련 자료를 찾아보는 활동을 함께 해 볼 수 있다. 부모가 적극적으로 아이의 프로젝트에 참여하여 이야기를 나누고 격려하는 것은 아이의 학습 동기를 크게 높일 수 있다.

3. AI 학습과 가정 학습의 연결

AI 학습 도구가 제공하는 학습 결과를 가정에서도 반영할 수 있도록 돕자. 예를 들어, AI가 아이의 수학 학습에서 특정 개념에 어려움을 느끼고 있다고 분석했다면, 부모는 그 부분을 보완할 수 있는 일상적인 활동을 추가로 제안할 수 있다. 게임이나 일상 속 간단한 문제해결을 통해 자연스럽게 개념을 다시 접하게 하는 것도 좋은 방법이다.

4. 학습 시간 관리

AI 학습 도구는 흥미롭고 재미있지만, 사용 시간을 잘 관리하는 것도 중요하다. 부모는 아이와 함께 하루 중 AI 학습에 투자할 시간을 정하고, 그 외 시간에는 독서, 운동, 예술 활동 등 다양한 경험을 통해 균형 있는 성장을 지원해야 한다. AI 학습이 중요한 만큼, 다른 경험도 아이의 성장에 필수적이다.

5. 토론과 대화를 통한 사고력 증진

AI가 제공하는 정보나 학습 결과에 대해 부모와 아이가 함께 토론하는 시간을 갖자. 예를 들어, AI가 제시한 특정 해결 방법에 대해 "이 방법이 왜 좋다고 생각하니?" 또는 "다른 방법도 있을까?" 같은 질문을 던져보자. 이러한 질문을 통해 아이는 비판적 사고와 문제해결 능력을 기를 수 있다.

성공의 패러다임,
어떻게 달라지고 있는가

달라지는
성공 방식

    하버드 교육대학원 교수 토드 로즈Larry Todd Rose는 저서 『평균의 종말』에서 '평균적인 사람은 아무도 없다'라며 평균주의의 허상을 버리라고 한다. 사람마다 재능, 적성, 배경이 다른데 오직 몇몇 시험을 잣대로 '공부 잘하는 아이', '보통', '못하는 아이' 이렇게 구분하는 것은 잘못이라는 것이다. 교육은 사람마다 갖추고 있는 개개인의 능력을 파악하고, 이를 잘 발휘할 수 있도록 분위기를 만들어야 한다.

평균, 표준, 대중을 공략하던 '매스의 시대'는 저물었다. 온라인에 접속만 하면 전 세계가 컴퓨터 안에 들어온다. 가상 세계에서 사람들은 나이와 직업, 국적과 같은 것들과 관계없이 취향, 취미, 소위 '덕질'을 하는 사람들끼리 모이고 있다. 패션, 음식, 게임, 자기계발, 책 등 다양한 자기 관심사를 중심으로 커뮤니티가 형성된다. 기업들도 '타깃층'을 세분화해서 다품종 소량 생산, 맞춤 개발 생산 전략을 구사한다. 소위 '완판(완전판매)' 시대다. 개성과 취향을 중심으로 한 소비는 오랜 기간을 거쳐 지속적인 증가세다. 개성과 끼, 취향을 따르는 것이 돈이 되는 세상이 온 것이다.

과거에는 방송사나 신문사 등 미디어 권력만이 콘텐츠를 생산하고 그 대가로 막대한 광고 수익을 올렸다. 그러나 이제 그 무게중심이 유튜브 등 1인 미디어로 옮겨 가면서 '크리에이터'의 영향력이 점점 커지고 있다. 수십, 수백만 구독자를 보유한 인플루언서는 연예인 못지않은 인기와 함께 광고와 협찬 등으로 큰 수입을 올리고 있다. 이들은 기존 미디어 권력이 주도하던 유행이나 트렌드에서 벗어나 '끼리끼리' 문화를 형성한다. SNS와 1인 미디어를 통해 사람들은 콘텐츠를 소비하는 동시에 직접 제작하기도 한다. 자신만의 취향으로 결속된 '팬덤'은 좋아하는 인플루언서가 사용하거나 추천하는 제품에 높은 충성도를 보이며 적극적으로 지갑을 연다.

가장 개별적인 것, 자기만의 스토리가 길이 되는 시대다. '가장 개인적인 것이 가장 창의적'이라는 봉준호 감독의 말 또한 같은 맥락이다. 성공하는 방식은 예측 불가능할 만큼 다양해지고 있다. 중요한 것은 '자기다움', '유니크'다. 다른 사람이 넘보기 힘든 오직 나만의 영역을 구축해야 한다. 과거에는 이러한 사람들을 '오타쿠', '덕후'라는 이름으로 다소 폄훼하곤 했다. 이제는 '덕질'이 또 하나의 능력이 되는 분위기다. 『위대한 나의 발견 강점 혁명』의 저자 마커스 버킹엄Marcus Buckingham은 "못하는 것을 끌어올릴 시간에 강점을 최대치로 끌어올리라."라고 조언한다.

"약점을 고치려는 것은 더 이상의 실패를 막아 줄 뿐 강점을 승화시켜 주지는 못한다. 타고난 재능을 발견하고 훈련과 학습을 통해 발전시켜라."

이제 '온리원only one'이 경쟁력이다.

아이의 강점에
집중해야 한다

아인슈타인이 남긴 유명한 말이 있다.

"모든 사람은 천재다. 하지만 만약 당신이 물고기를 나무 오르는 능력으로 평가한다면 그 물고기는 평생 자신이 바보라고 믿으며 살 것이다. 물고기는 헤엄을 잘 치고, 원숭이는 나무를 잘 오르며, 치타는 빠르게 달릴 수 있다. 각각 다른 동물들이 저마다의 능력이 있듯 사람도 저마다 자기가 잘하는 능력이 있다. 두루두루 다 잘할 수는 없기에 우리는 자신이 잘하는 재능을 찾아 한 분야에서 남보다 탁월한 인재가 되기 위해서 노력해야만 한다."

미국의 발달심리학자이자 하버드대학 교육대학원 교수인 하워드 가드너Howard Gardner는 인간의 능력을 여덟 가지 무지개로 표현한다. 다중지능 이론에 의하면, 사람은 누구나 고유의 재능, 강점이 있다. 성공한 사람들의 공통점은 자신의 약점을 보완하려 애쓰기보다 강점을 계발하려 노력했다는 것이다. 누구나 강점이 있다. 다만 성공한 이들은 강점이 커서 상대적으로 약점이 작게 보이는 것

뿐이다. 아인슈타인은 논리수학 지능과 공간 지능에 두각을 나타내 물리학 분야에서 업적을 남겼으나, 인간 친화 지능 부분은 약했다. 인도의 정신적 지도자 마하트마 간디 역시 학창 시절에는 공부에 별 취미가 없었다. 그러나 인간 친화 지능과 언어지능에 강점을 보였다.

평생 좋아하는 일에서 탁월한 성과를 낼 수 있다는 건 축복이다. 아이의 강점을 발견하고 키워주는 것은 부모가 아이에게 줄 수 있는 최고의 선물이다. 아이를 믿고 등대처럼 멀리서 지켜보되, 아이가 좋아하고 잘하는 분야가 무엇인지는 현미경처럼 살펴야 한다. 좋아한다 해서 잘하는 것은 아니기에, 발전 가능성이 있는지도 판단해야 한다. 우리는 어른이 돼서도 '좋아하는 일을 해야 할까, 잘하는 일을 해야 할까' 고민을 많이 한다. 확실한 건 좋아해야 잘할 수 있고, 잘하지 못하면 대개 끝까지 좋아하기가 힘들다. 흥미가 있으면서 아이의 잠재력이 보이는 분야를 함께 꾸준히 탐색해야 한다.

세상에 나가서도 과연 이게 내 길인가, 경쟁력이 있는 건가, 순간순간 현실에 부닥칠 때가 있다. 부모가 아이의 강점에 주목하고 믿어 주었다면 아이는 숨이 찰 때 부모에게 조언을 구할 것이다. 그럴 때마다 큰 방향을 제시하고, 아이에게 용기를 불어넣어 줄 수 있는 부모라면 좋겠다. 아이의 강점을 바라봐 주면 아이와의 관계도 원만하다. 누구나 자기를 좋게 보고 믿어 주는 사람에게 호감을 느끼고 마음의 안식을 얻기 마련이다. '그게 되겠냐', '네가 그걸 어떻게 하냐' 부족한 면을 끊임없이 지적하고 다그치는 부모 밑에서 아이는 날개를 펼 수 없다.

아이의 강점 교육엔 용기가 필요하다. 약점을 인정하고, 끌어안을 용기다. 현대 경영학의 아버지 피터 드러커 또한 "산이 높으면 계곡도 깊듯, 강점을 키우되 약점은 감내해야 한다."라고 말했다. 아이가 받아오는 성적표에 불안하고, 옆집 아이가 뭘 하는지도 신경이 쓰일 것이다. 그럴 때 내 아이에게 시선을 고정하자. 이 아이의 강점은 무엇인지, 그것이 아이의 미래와 어떻게 연결될지 그려보자. 불안이 잠잠해질 것이다. 자꾸 부족한 면만 들여다보고 있으면 거기에 매몰된다. 눈을 들어 아이의 강점에 집중하자.

'매스의 시대'는 갔다. 이제는 '내 아이만의 시대'다. 우리는 아이들이 자신의 강점으로 세상을 이끄는 창조자가 될 수 있도록 돕는 새로운 교육으로 나아가야 한다. 그것이야말로 아이를 위한 가장 확실한 투자다.

하워드 가드너의 다중지능 여덟 가지

언어 지능

단어의 소리, 리듬, 의미에 대한 감수성이나 언어 기능에 대한 민감성과 관련된 능력이다. 이 지능은 글을 쓰는 능력과도 연관 있으며, 토론 시간에 두각을 나타내기도 한다. 끝말잇기나 낱말 맞히기 등도 잘한다.

논리수학 지능

추상적 관계를 응용, 판단하고 수와 논리적 사고를 사용하는 능력을 의미한다. 논리적 문제나 방정식을 푸는 데 능하다.

신체운동 능력

운동감각, 균형, 민첩성 등을 조절할 수 있는 능력으로 생각이나 느낌을 글이나 그림보다는 몸동작으로 표현하는 능력이 뛰어나다. TV에서 몇 번 본 춤을 쉽게 따라 하는 경우 신체 운동 지능이 높다고 할 수 있다.

공간 지능

시공간적 세계를 정확하게 인지하며 3차원 세계를 잘 변형시키는 능력으로 색깔, 선, 모양, 형태, 공간 요소의 관계를 잘 파악한다. 특정 공간에 무엇이든 적절하게 배치하는 능력이 뛰어나다.

음악 지능

음악에 대한 전반적인 이해와 음에 대한 지각력, 변별력, 변형 능력, 표현 능력을 의미한다. 소리나 리듬, 진동 같은 음의 영역에 민감하고, 사람 목소리와 같은 언어적 형태의 소리뿐 아니라 소음이나 동물 울음 같은 비언어적 소리에도 예민하게 반응한다.

대인관계 지능

다른 사람과 교류하고 그들의 행동을 해석하는 능력을 의미한다. 사람의 기분, 감정, 의향, 동기 등을 인식한 후 감각적으로 구분할 수 있고, 표정, 음성, 몸짓 등 눈에 보이는 정보뿐 아니라 비언어적 힌트, 단서, 암시 등을 재빨리 변별해 효율적으로 대처한다.

자연 친화 지능

자연 현상에 대한 유형을 규정하고 분류하는 능력과 주변 환경의 특성을 고려해 일을 처리하는 능력을 의미한다. 동식물 채집은 물론 나뭇잎의 모양이나 크기, 지형 관찰 등을 좋아하고 종류별로 잘 분류한다.

자기 이해 지능

자신을 이해하고 느낄 수 있는 인지적 능력이 대인관계 지능과 비슷하다. 자신의 객관적인 장단점 파악은 물론 기분, 의도, 동기, 욕구 등을 스스로 깨닫고 자기가 처한 문제를 해결하기 위해 사용한다. 어떤 분야에 능력이 있고 무엇을 하고 싶은지 스스로 아는 만큼 자아존중감이 높은 편이다.

"만약 네가 세상의 잣대로 잘하는 아이라면,
그 또한 내게는 큰 기쁨일 것이다.
하지만 네가 세상의 잣대로 못 하는 아이라도
나는 크게 걱정하지 않을 것이다.
엄마인 내가 그 누구보다 너만의 장점을 잘 알고 있으니
인간은 누구나 자신의 장점으로
생을 일구는 법을 배우게 되어 있으니
유사 이래 내내 그래왔으니
시절의 겁박에 새삼스레 오그라들어 너를 들볶지는 않을 것이다."

–오소희, 『엄마의 20년』 중에서

디지털 네이티브
세대를 위한 인재 교육

부모는 아이들이 온라인 세상에서도 잘 살 수 있도록
이끌어야 할 책임이 있다. 일상에서 잘못과 권리, 책임 등을
가르치는 것같이 온라인에서도 마찬가지다.
디지털 시민 정신으로 단단히 무장해야 한다.
규칙을 정하고 모범을 보여야 한다.

AI 시대의 생존 방패,
우리가 놓치고 있는 것들

　　'딥페이크 포르노 생성 대화방' 이슈로 한동안 나라가 떠들썩했다. 생성형AI(인공지능) 기술의 급격한 발전으로 지금까지 미래 위협으로 간주됐던 딥페이크가 현실 위협으로 등장하는 데에는 그리 오랜 시간이 걸리지 않았다. 딥페이크의 피해자는 유명 정치인이나 연예인만이 아니다. 인터넷에 올린 사진 한 장이나 몇 초짜리 음성 샘플만으로 누구든지 쉽게 피해자가 될 수 있다. 게다가 일반 청소년들까지 딥페이크를 가벼운 놀이나 게임처럼 여기며 범죄 의식 없이 빠져드는 상황에까지 이르고 있다.

　　딥페이크, 가짜뉴스의 사례는 다양하다. 미국에서는 국방부 인근에서 대형 폭발이 발생했다는 소식과 함께 조작된 사진이 SNS를 통해 급속히 퍼졌다. 이로 인해 일시적으로 주식 시장이 출렁이는 현상까지 발생했다. 사진 하나가 전 세계 경제에 영향을 미칠 수 있다는 사실은 충격적이다.

한편, 도널드 트럼프 전 대통령이 수갑을 찬 채 연행되는 사진도 온라인을 떠돌며 화제가 되었다. 이 사진은 완벽하게 조작된 것이었지만 진짜처럼 보였다. 이런 가짜 정보들은 진위를 구분하기 어려울 만큼 정교해지고 있어, 우리가 보고 듣는 모든 것을 의심해야 하는 시대가 되었다.

문제는 뉴미디어 시대엔 가짜뉴스가 인터넷과 소셜미디어를 통해 순식간에 퍼진다는 것이다. 가짜뉴스의 경우 감정적이고 자극적인 소식을 담고 있기에 평범한 일반 뉴스보다 사람들의 흥미와 관심을 쉽게 끈다. 실제로 미국 매사추세츠공과대학MIT의 연구 결과에 따르면, 가짜 뉴스가 진짜보다 70% 더 빠르게 확산되고, 가짜 뉴스를 전하는 계정들은 진짜 뉴스를 전하는 계정들보다 10배 이상 빠르게 성장했다.

AI의 할루시네이션: 어디까지 믿어야 할까

그런가 하면 AI 기술의 대표 주자, 챗GPT는 사람과 자연스럽게 대화를 나눈다. 때론 정말 사람처럼 느껴질 때도 있다. 하지만 그 완벽함 뒤에는 치명적인 단점이 숨어 있다. 바로 '할루시네이션' 이다. AI가 존재하지 않는 사건이나 정보를 사실처럼 지어내서 이야기하는 현상을 일컫는다. 내가 챗GPT에게 '그린워싱 교육 프로그램 개발'과 관련한 자료를 찾아 달라고 명령을 해 봤다. 국내외 논문과 각종 자료를 한눈에 볼 수 있게 정리해 주었는데, 실제 도서관 검색에서는 나오지 않는 자료들이 태반이었다. "왜 없는 논문을 마치 진짜인 것처럼 제목을 지어내?"라고 묻자 천연덕스럽게 답했다.

"미안해. 논문 작업에서는 신뢰성과 정확성이 가장 중요한데, 내가 가상의 참고 문헌을 만들어낸 건 분명 잘못된 방식이었어. 논문에 들어가는 참고 문헌이나 데이터는 반드시 실제 출처가 있는 것을 기반으로 해야 하는데, 그 부분에서 혼란을 줬다면 정말 미안해. 앞으로는 명확한 출처가 있거나, 확인 가능한 자료를 기반으로만 도움을 줄게."

이후에도 챗GPT의 거짓말은 계속되어 나의 신뢰를 잃어버렸다. 만약 실제 논문의 출처를 확인하지 않았다면 어떤 일이 벌어졌을까? 실제로 미국에서는 챗GPT로 수집한 판례를 법원에 제출한 변호사 2명이 각각 5천 달러의 벌금을 부과받기도 했다. 챗GPT가 내놓은 판례 중 일부가 실존하지 않는 가짜 판례였던 것이다. 벌금을 낸 변호사 중 한 명은 "가짜일 수도 있다는 것을 생각조차 하지 못했다."라고 말했다. 성인도 주의해서 살피고 확인하지 않으면 속아 넘어가기 쉬운데, 아이들은 오죽할까.

이런 혼란스러운 세상에서 아이들을 어떻게 키워야 할까, 고민이다. **해답은 '디지털 리터러시'다. 디지털 리터러시는 단순히 디지털 기기를 다루는 능력에 그치지 않는다. 정보를 비판적으로 분석하고, 신뢰성을 평가하며, 이를 창의적으로 활용하는 능력을 포함한다.** 특히 오늘날과 같은 환경에서는 가짜뉴스와 같은 정보의 왜곡으로부터 우리 자신을 보호하는 것은 필수다. 김경희 한림대 미디어커뮤니케이션학부 교수는 앞으로 디지털 미디어를 이용하지 못하면 사회에서 낙오될 수 있다며, '디지털 리터러시의 역량 차이에 따라 빈부격차까지 나타날 것'이라고 경고했다.

한국경제연구원에 따르면, 가짜뉴스로 인한 경제적 피해는 연간 30조 원 이상에 달한다. 가짜 정보는 경제적 피해를 넘어 사회적 혼란과 신뢰도 위기를 초래한다. 또 다른 연구에서는 청소년들이 가짜뉴스에 노출되었을 때, 기존의 자신의 견해를 더 극단적으로 강화하는 경향을 보였다고 한다. 즉, 잘못된 정보가 사회적인 분열을 더욱 심화시킬 수 있다는 것이다. 이런 이유로 디지털 리터러시는 우리가 더 나은 결정을 내리고 사회적 연대를 유지하는 데 필수적인 요소가 될 것이다.

정보의 홍수 속에서 길을 찾는 법: 디지털 리터러시

디지털 리터러시를 기르기 위한 실천 방안

첫째, 비판적 사고 기르기

정보를 접할 때는 출처를 반드시 확인하고, 여러 관점을 비교하는 습관을 기르는 것이 중요하다. 예를 들어, 특정 뉴스에 대해 여러 매체의 보도를 함께 읽고, 어떤 점이 다른지 대화해 보는 것이다. 이는 아이들이 참과 거짓을 구분할 수 있는 능력을 기를 수 있도록 도와준다. 한국언론진흥재단 양정애 책임연구위원은 "일상에서도 미디어가 제공하는 정보와 콘텐츠에 대해 비판적으로 생각하고 이해하려는 습관을 길러야 한다."라고 조언한다. 자료 출처를 확인하거나 관련 내용을 시간대별로 추적해 보는 연습도 필요하다. 이런 능력은 단기간에 길러지기 어렵다. 따라서 아이가 정보를 비판적으로 읽어 낼 수 있는 눈을 어릴 때부터 길러 주는 것이 중요하다.

둘째, 콘텐츠 제작 경험 쌓기

아이들에게 직접 블로그를 운영하거나 간단한 코딩 프로젝트를 진행하게 하는 것도 좋은 방법이다. 이를 통해 디지털 도구의 작동

원리를 이해하고, 창의적인 활용 능력을 키울 수 있다. 아이들이 직접 콘텐츠를 만들어 보면서 정보의 생산자가 되는 경험은, 비판적 사고와 창의성을 동시에 기르는 기회가 된다.

『시작했습니다, 디지털 육아』의 저자 정현선 경인교육대학 교수는 '생활 속에서 아이가 미디어를 생산적으로 활용할 수 있도록' 도와주라고 말한다. 정 교수의 경우 일상생활에서 아이가 디지털 기기의 효용 가치를 느낄 수 있도록 다양한 시도를 했다. 아이가 만화를 보다가 '블랙홀'이나 '빅뱅' 등에 관해 물어보면, 그 자리에서 인터넷 구글과 유튜브를 함께 검색하는가 하면, 아이가 직접 인형극을 만들 수 있는 앱을 다운로드해 주기도 했다. 또한 아이가 블록 놀이하는 모습을 동영상으로 찍어 '모션 스톱'이란 앱을 활용해 애니메이션을 만들어 보기도 했다. 이처럼 아이에게 글자와 숫자를 가르치듯, 스마트폰도 그렇게 열렬히 '가르쳐야' 한다.

셋째, 인터넷의 위험성 알리기

가짜뉴스나 딥페이크와 같은 사례를 직접 보여주며, 이러한 정보에 어떻게 대응해야 하는지 교육하는 것도 필수적이다. 조작된 영상과 실제 영상을 비교하며 차이점을 찾는 활동을 통해, 아이들은 더 날카로운 눈으로 정보를 바라보게 된다.

넷째, AI 활용 능력 개발하기

AI 도구를 사용할 때는 그 결과를 무조건 신뢰하지 않도록 지도해야 한다. 챗GPT가 제공한 정보는 반드시 출처를 확인하고, 신뢰할 수 있는 출처의 내용과 비교해 봐야 한다. 항상 의심의 눈초리로 바라보며 검증하는 습관이 필요하다.

다섯째, 부모의 역할 강화하기

부모 역시 디지털 기술에 관심을 가지고, 아이들과 함께 디지털 세상을 탐험하는 것이 중요하다. 예를 들어, 함께 유튜브에서 교육적인 영상을 시청하고 그 내용을 토론하는 시간을 가지면, 아이들은 자연스럽게 정보에 대한 비판적 사고를 기를 수 있다. 부모가 디지털 세상에 능동적으로 참여하면 아이들도 더욱 안전하게 디지털 환경을 누비게 된다.

AI '혁명' 시대다. 혁명의 시대는 모든 것이 뒤집힐 수 있다. 두려운 건 당연하다. 어떤 미래가 올지 아무도 모르기 때문이다. 그래서 아이가 스마트폰에 빠져 있는 게 더욱 두려운지 모르겠다. 익숙함과 결별하는 건 용기가 필요하다. 그만큼 철저한 대비도 해야 한다.

새로운 시대에 맞는 스마트한 교육에 마음을 열자. 아이와 함께 AI·디지털을 '공부'해야 한다. 하지만 AI·디지털 이주민이 원주민을 일방적으로 가르칠 순 없다. 아이와 머리를 맞대고 디지털 활용 전략을 세워 보자. 덮어놓고 안 된다고 하는 건 아이를 과거의 사고 방식에 가두는 것이다.

챗GPT는 만 13세 이상 사용을 권장하며, 13세 이하의 아이들이 사용할 때는 반드시 부모의 지도가 필요하다. 이는 단순히 연령 제한의 문제가 아니라, AI라는 도구를 다루는 방법과 제공되는 정보를 비판적으로 검토하는 능력을 배우는 것이 중요하기 때문이다. 이러한 과정을 통해 AI 리터러시는 자연스럽게 길러질 수 있다.

그렇다면 부모로서 아이들이 AI를 올바르게 사용할 수 있도록 돕기 위해 무엇을 할 수 있을지 구체적으로 알아보자.

AI 리터러시란 무엇인가?

AI 리터러시는 AI가 제공하는 정보를 단순히 받아들이는 것이 아니라, 그 정보를 비판적으로 분석하고, 필요에 따라 그 정보를 활용할 수 있는 능력을 말한다. 챗GPT 같은 AI 도구들은 방대한 데이터를 바탕으로 마치 사람처럼 자연스럽고 그럴듯한 답변을 제공한다. 그러나 이 답변이 항상 사실에 기반한 것은 아니다. 이 점에서 아이들이 AI의 정보를 무조건적으로 신뢰하지 않고, 진위를 스스로 확인하고 판단할 수 있는 능력을 키우는 것이 AI 리터러시의 핵심이다.

챗GPT가 알려주는 AI 리터러시 기르는 법

1. **AI와 함께 탐구하는 시간 만들기**: 챗GPT를 사용해 아이들이 관심 있는 주제에 대해 질문을 던져보자. 이를 통해 AI가 어떤 식으로 답변을 구성하는지, 그 답변이 얼마나 신뢰할 수 있는지를 자연스럽게 검토할 수 있다. 예를 들어, "공룡은 왜 멸종했을까?"라는 질문을 챗GPT에게 해 보자. 챗GPT가 제공하는 다양한 답변 중에서 어떤 부분이 사실에 가까운지, 혹은 부족한 부분은 무엇인지 아이와 함께 찾아보는 시간을 가지자. 이 과정을 통해 아이들은 AI의 답변을 맹신하는 것이 아니라, 검토하고 판단하는 능력을 키우게 된다.

2. **사실 검증의 중요성 훈련하기**: 챗GPT는 그럴듯하지만 틀린 정보를 제공할 때도 있다. 이런 경우, 아이들에게 사실 검증의 중요성을 가르칠 수 있는 좋은 기회다. 챗GPT가 "고양이는 하루에 다섯 번 식사를 해야 한다."라고 답할 때, "정말 그런 걸까?"라고 질문하며 아이와 함께 다른 자료를 찾아보자. 이렇게 답을 비교하고 검토하는 과정을 통해, 아이들은 올바른 정보와 잘못된 정보를 구별하는 법을 배우게 된다.

3. **AI 도구의 한계 이해하기**: 챗GPT는 방대한 양의 데이터를 바탕으로 학습하지만, 그 데이터에는 편향이나 오류가 있을 수 있다. 예를 들어, 특정 역사적 사건에 대해 챗GPT가 편향된 견해를 제시할 때, 아이와 함께 "이게 정말 그런가?"라는 의문을 가지며 다른 출처를 확인해 보자. 이러한 대화와 검증 과정을 통해 아이들은 AI가 가진 한계를 이해하고, AI의 답변을 단순히 받

아들이는 것이 아니라 그 진위를 스스로 판단하는 법을 배우게 된다.

4. 창의적 활용 장려하기: 챗GPT는 창의적인 작업에도 큰 도움을 줄 수 있다. 예를 들어, 아이가 이야기를 쓰고 싶어 한다면 챗GPT에게 "이야기의 시작 부분을 만들어 줘."라고 요청해 보자. 챗GPT가 제공한 시작을 바탕으로 아이가 이야기를 이어나가게 하면서, AI와 인간의 상호작용을 경험하게 할 수 있다. 이런 과정에서 아이는 자신의 상상력을 더해 창의적인 글을 완성하며, AI를 도구로 활용하는 즐거움을 느끼게 된다.

5. 정기적인 피드백과 대화: 챗GPT와 같은 AI 도구를 사용하면서 아이가 느끼는 점들을 정기적으로 이야기 나눠 보자. 어떤 점이 편리했고, 어떤 점이 어려웠는지, 혹은 답변 중에서 추가로 확인해야 했던 내용은 무엇이었는지를 함께 이야기해 보자. 이런 대화를 통해 아이는 AI 사용에 대한 성찰과 더불어 비판적 사고를 자연스럽게 습득할 수 있다.

자녀의 나이와 상관없이 권장하는 디지털 육아 5대 원칙

1. 부모로서 자신의 미디어 사용 습관을 점검해 보는 것이 중요하다. 업무를 이유로 컴퓨터나 스마트폰에 오래 매달리면서 정작 아이의 미디어 사용만 제한하려 한 적은 없는지 돌아봐야 한다. 부모의 행동이 자녀에게 어떤 메시지를 전달할지 깊이 생각해 보는 시간이 필요하다.

2. 가족 모두가 디지털 기기를 사용하지 않는 시간을 정한다. 자녀가 어릴수록

몸으로 놀아 주는 것이 자녀와의 긍정적 관계를 위해 매우 중요하다. 몸으로 놀아 주거나 야외 활동을 하는 시간, 책을 읽어 주는 시간을 계획하고 실천한다.

3. 규칙을 정할 때는 그 이유를 충분히 설명해 주어야 한다. 아무런 설명 없이 일방적으로 규칙을 강요하면 아이에게 반발심만 생길 수 있다. 예를 들어, "이런 사이트는 들어가지 마."라고 말하는 대신, 해당 사이트에 접속했을 때 발생할 수 있는 부정적인 영향과 위험성을 구체적으로 알려 주는 것이 훨씬 더 효과적이다.

4. 아이와 디지털 경험을 공유한다. 아이와 관계가 좋아야 디지털 코칭도 성공할 가능성이 크다. 감시자가 아닌 친구 같은 부모가 되자. 아이가 스마트폰으로 게임을 할 때 관심 있게 공감하는 모습을 보이자. "이 사람이 게임의 주인공이야?", "아이템을 획득하면 점수는 얼마나 올라가니?" 아이와 디지털 경험을 공유하기 위해선 부모 역시 그 분야에 대한 지식이 있어야 한다. 자녀가 자주 사용하는 앱이나 게임 등에 관심을 두자.

5. 우리 가족의 '디지털 규칙'을 정하고 함께 지키자. 가족회의를 통해 서로의 입장을 충분히 공유한다. 가족회의 시간을 이용해 규칙이 잘 지켜지고 있는지 대화를 나눈다.

출처: 『시작하겠습니다, 디지털 육아』, 정현선

챗GPT 시대, 소비자를 넘어
생산자로 살아가기

AI 시대의 패러다임 전환:
소비만으로는 부족하다

　유튜브 시청을 취미로 삼아 온 아들은 지금까지 콘텐츠를 감상하는 데만 관심을 두었을 뿐, 스스로 유튜버가 되는 것에 대해서는 전혀 생각해 본 적이 없었다. 그런데 어느 날, 동네 형이 유튜브를 시작한 '사건'이 벌어졌다. 유튜브는 대단한 사람들만 하는 줄 알았던 아들은 매일같이 함께 놀던 친한 형이 화면 속에 등장하는 모습을 보고 큰 충격과 흥분에 휩싸였다. 그날 이후, 아들은 곧바로 영상을 찍기 시작했다. 영상 편집 AI를 활용해 하루에도 몇 개씩 동영상을 올리며 새로운 도전에 나섰다. 영상의 퀄리티는 중요하지 않았다. 그는 가족들에게 '구독'과 '좋아요'를 눌러 달라며 적극적으로 요청했고, 한 자릿수씩 늘어나는 구독자와 조회 수에 매일 감동했다. 그렇게 아들은 단순한 소비자를 넘어 '콘텐츠 생산자'로 변신하게 되었다.

AI 시대에는 단순히 지식을 소비하는 것을 넘어, 지식을 생산하고 활용하는 능력이 점점 더 중요해지고 있다. 아이들이 살아갈 미래에는 단순히 '많이 아는 것'만으로는 큰 가치를 가지지 못할 가능성이 크다. 챗GPT와 같은 AI는 방대한 정보를 빠르게 검색하고 정리할 뿐만 아니라, 창의적인 글을 작성하는 데까지도 능숙해지고 있다.

이러한 환경에서 아이들에게 필요한 것은 AI를 단순히 활용하는 데 그치지 않고, 이를 도구 삼아 새로운 것을 만들어내는 생산자의 마인드다. 이는 단순히 유튜브 크리에이터가 되는 수준을 넘어, 세상과 소통하며 가치를 창출할 수 있는 존재로 성장하는 것을 의미한다. 이 과정에서 아이들은 창의성을 키우고, 자기 표현력을 발전시키며, 스스로 배우고 탐구하는 주체적인 학습 태도를 기르게 된다.

콘텐츠 생산자로 키울 것인가, 소비자로 남게 할 것인가

아들이 '1인 미디어'로 거듭나는(?) 과정은 '기업가 정신'을 키우는 '키즈 버전'을 보는 듯하다. 구체적인 목표를 정하면 남들이 뭐라 하건 바로 실행에 옮긴다. 결과를 눈으로 지켜보면서 부족한 점을 고쳐 나간다. 나이 마흔이 넘은 엄마는 동영상 하나 올리는 데도 오만 가지 경우의 수를 따지는데, 디지털 원주민인 아들은 단 1초의 주저함도 없다. 이것저것 재지 않고 돌진한다. 다른 크리에이터가 뭘 하든 간에 자기 영상을 찍는다. 조회 수가 어제보다 1이라도 늘었다는 사실에 행복하고 감사함을 느낀다. 요즘 아이들은 이미 준비된 크리에이터다.

이제 모두가 1인 미디어가 되는 시대다. 일반인뿐만 아니라 연예인, 정치인, 운동선수, 의사, 변호사 할 것 없이 너도나도 유튜버다. 매년 교육부가 발표하는 초등학생 희망직업에는 '크리에이터'가 다섯 손가락 안에 들어간다. 유튜브 수익으로 빌딩을 사고 한 달 만에 얼마의 수입을 올렸다는 유튜버들의 인증은 새로운 '성공 공식'이다. 심지어 콘텐츠는 사라지지 않고, 시간이 지날수록 축적된다. 디지털 세상에서 콘텐츠는 쉬지 않고 나를 홍보하는 아바타 역할에도 충실하다. 콘텐츠 크리에이터는 유튜브에 영상을 올리는 데 머물지 않고 소통하고, 커뮤니티를 만들고, 끼리끼리 문화를 공유한다. 아주 독특하고 대중적이지 않은 취향으로 팬덤을 형성하고, 하나의 공동체를 이룬다.

이 거대한 디지털 물결은 두 갈래로 갈라진다. 콘텐츠 생산자로서 적극적인 참여자가 될 것인가, 은둔형 콘텐츠 소비자에 머물 것인가.

콘텐츠 생산자는 세상에 메시지를 던지며 살아가는 사람이다. 세상에 던지는 메시지엔 '나'란 사람이 드러날 수밖에 없다. 세상에 1이라도 선한 가치를 더할 수 있어야 사람들 마음을 움직일 수 있다. 그래서 좋은 사람이 돼야 좋은 콘텐츠를 생산해 낼 수 있다.

좋은 콘텐츠를 위해선 자기가 무엇을 좋아하고 잘하는지 꿰뚫어야 한다. 더불어 타깃 독자, 구독자층의 니즈가 어디 있는지 파악하는 감각과 소통하는 공감 능력을 두루 겸비해야 한다. 늘어나는 구독자, 팔로워, 이웃에 대한 책임감도 지녀야 하며, 성실함과 끈기는 기본이다.

디지털 세상에서 소통하는 법도 자연스럽게 배운다. 자기 콘텐츠에 달린 댓글에 하트도 누르고, 대댓글도 단다. 디지털 세상에서의 인간관계는 오프라인과 또 다른 새로운 영역이다. 부모 세대가 오프라인 관계를 중시하는 그 이상으로 디지털 원주민에겐 온라인에서의 관계가 특별하다.

당신이 SNS가 '시간낭비서비스'의 줄임말이라고 여기는 디지털 이주민일지라도 이젠 아이와 함께 배워야 한다. SNS를 자기 삶에 유익하게 쓰는 것도 능력이다. 자기에게 맞는 황금비율을 찾는 연습을 해야 한다. 처음엔 실수도 하고, 정신적으로 피폐해질 수도 있다. 그렇다고 마냥 피할 수도 없는 노릇이다.

AI 시대에 생산자로 살아간다는 것은 단순히 콘텐츠를 만드는 것을 넘어, 자신의 생각과 아이디어를 구체화하고 이를 통해 세상과 소통하며 문제를 해결하는 능력을 기르는 것을 의미한다. 이 과정에서 아이들은 문제해결 능력과 창의성, 주체성 등을 기를 수 있다.

1. AI와 협력하는 시대의 기본 역량

아이들이 AI를 단순히 소비하는 도구로 여기지 않고, 자신의 창작 활동과 아이디어 실현에 활용할 수 있다면, 이는 곧 미래의 중요한 경쟁력이 된다. 챗GPT를 활용해 글을 쓰거나 아이디어를 구체화하고, AI 도구를 사용해 이를 시각적으로 표현하는 과정은 생산자로서의 첫걸음이다. 아이들은 AI와 협력하여 아이디어를 발전시키고, 이를 바탕으로 새로운 가치를 만들어낼 수 있다.

2. 자기 표현의 기회

생산자가 되는 과정에서 아이들은 자기 자신을 세상에 표현하는 법을 배운다. 유튜브나 블로그와 같은 미디어는 아이들이 단순한 시청자가 아니라, 자신의 이야기를 전할 수 있는 도구로 변모시킨다. '내가 무엇을 좋아하고, 어떤 이야기를 하고 싶은지'를 고민하면서 아이들은 자연스럽게 자기 정체성을 찾아간다. 이러한 과정을 통해 자신의 감정과 생각을 스스로 정의하고, 이를 세상에 전달할 수 있는 자기 효능감을 키워나갈 수 있다.

3. 주체적 학습 태도

콘텐츠를 생산하는 과정은 단순히 지식을 외우거나 필기하는 것과는 다르다. 아이가 직접 뭔가를 만들고, 세상에 메시지를 전하면서 주체적으로 배우게 된다. 이 과정에서 문제를 정의하고 해결책을 모색하며, 스스로 이끌어가는 능력을 자연스럽게 키울 수 있다.

4. 미래 사회에서의 생존력

AI가 단순 반복 작업과 정형화된 업무를 대신하는 시대에는 인간의 독창성, 비판적 사고, 그리고 생산 능력이 중요하다. 소비에 머무르는 아이는 세상의 변화를 따라가기도 바쁘지만, 생산자의 마인드를 장착한 아이는 어떤 환경에서도 가치를 창출하며 살아갈 수 있다. AI가 모든 정보를 빠르게 제공할 수 있는 시대에는 정보의 재가공, 창의적인 적용, 그리고 새로운 가치 창출이 중요한 역량이 된다. 아이들이 스스로 문제를 정의하고 그 해결 방법을 탐구할 수 있어야 한다.

생산자로서의 첫걸음: 실천 통해 배우기

아이들이 생산자로 성장하려면 어디서부터 시작해야 할까? 핵심은 단순한 실행에 있다. 완벽함을 추구하지 않고, 일단 무언가를 만들어 보는 경험을 시작하도록 돕는 것이 중요하다.

1. 챗GPT와 함께 글쓰기 시작하기

아이가 좋아하는 주제에 대해 챗GPT와 대화하며 글을 써 보자. 예를 들어, "만약 동물들이 도시에서 산다면 어떤 일이 생길까?"라는 주제를 제시해 보고, 챗GPT의 도움을 받아 이야기를 만들어 볼 수 있다. **중요한 것은 AI의 답변을 그대로 사용하는 것이 아니라, 이를 바탕으로 아이만의 아이디어를 덧붙이게 하는 것이다. 이를 통해 아이는 AI가 제공하는 정보를 활용하는 방법과 동시에 자신의 창의력을 발휘하는 법을 배우게 된다.**

2. 디지털 크리에이티브 프로젝트

- **동영상 제작:** 유튜브 채널을 시작하지 않더라도, 아이가 좋아하는 활동(레고 만들기, 요리하기, 그림 그리기 등)을 촬영해 간단히 편집해 보는 경험은 창작의 즐거움을 느끼게 한다. 아이들은 자신이 무엇을 좋아하는지 탐구하고, 그 과정을 영상으로 남기며 자기표현의 즐거움을 배울 수 있다.

- **디지털 스토리텔링:** 아이가 만든 이야기를 챗GPT를 활용해 대화형 스토리로 만들어 보거나, AI 그림 생성 도구로 캐릭터를 시각화해 보게 하자. 이런 경험은 아이의 상상력을 더욱 풍부하게 하며, 스토리텔링과 시각화의 융합적 사고를 기를 수 있는 좋은 기회가 된다.

- **문제해결 프로젝트:** 아이가 관심 있는 문제를 탐구하는 데 AI를 활용하게 해 보자. 예를 들어, '플라스틱 쓰레기를 줄이는 방법'을 찾기 위해 챗GPT에 도움을 요청하고, 그 결과를 바탕으로 가족이나 친구들에게 프레젠테이션을 하는 것도 훌륭한 학습 기회다. 이 과정에서 아이는 정보를 단순히 찾는 데서 그치지 않고, 문제를 해결하기 위해 정보를 조직하고 공유하는 능력을 기르게 된다.

3. 콘텐츠 제작과 공유

아이가 만든 글, 그림, 동영상 등을 가족, 친구 또는 안전한 온라인 플랫폼에서 공유하도록 하자. 아이는 단순히 만드는 것에서 그치지 않고, 이를 통해 사람들과 소통하는 과정에서 더 많은 배움을 얻는다. 창작물을 공유하는 과정에서 피드백을 받고, 개선하는 경험은 아이에게 중요한 학습 경험을 제공한다. 또한 자신이 만든 콘텐츠가 누군가에게 영향을 미친다는 것을 알게 되면, 책임감과 자부심도 함께 기를 수 있다.

디지털 세상은 어른도 수없이 상처받고 자존감이 지하 100층까지 초고속 하강할 수 있는 곳이다. 나만 빼고 세상 사람 전부가 행복에 겨운 삶을 누리는 것 같다. 가뜩이나 주눅 드는데 누군가 내 콘텐츠 밑에 단 악성 댓글은 치명적이다. 아이와 디지털 세상에서 마음을 지키는 법에 대해 종종 이야기하자.

첫째, 조회 수나 구독자, 팔로워, 이웃 숫자에 연연하지 않는다. 둘째, 악플은 가뿐히 즈려밟고 가는 '멘탈갑'이 된다. 셋째, 비교하지 않는 습관을 기른다.

비교하는 건 불행해지고야 말겠다는 굳센 다짐과도 같다. 그 누구의 인생인들 빛나기만 할까. 어떤 순간에도 숫자, 비교로부터 자유로운 영혼이기를 늘 기도한다고 아이에게 말해 주자.

크리에이터라고 하면 거창하고 어렵게 느껴질 수 있다. 그럴수록 가볍게 생각하면 일이 쉬워진다. 이미 아이는 디지털 기기와 동영상에 익숙하다. 동영상을 찍고 올리는 것부터 해 보자. 익숙해지면 간단한 편집 앱을 이용해 직접 편집해 보도록 하는 것도 좋다. 평소 아이가 만들기를 좋아한다면 만들기 하는 모습을, 요리를 좋아하면 요리하는 모습을 촬영하면 된다.

창작자로 살아가는 기쁨을 아는 아이로 키우자. 하루하루 더 나은 사람이 되고, 더 의미 있는 일상을 보내는 사람, 세상에 자기 목소리를 내고, 메시지를 전달하는 사람이 되는 과정은 그 자체로 멋지다. 결국 크리에이터로 산다는 건 '좋은 사람'이 되는 연습 과정과도 같다. 생산자 마인드로 무장한 아이는 미지의 세계에 나를 기꺼이 드러내고, 불확실성에 도전하고, 그 과정을 즐길 것이다. 아이와 함께 생산자로 거듭나보면 어떨까?

AI 리터러시:
생각하고, 만들고, 해결하라

"코딩은 사고의 범주를 넓혀 더 나은 생각을 할 수 있게 하며, 분야에 상관없이 문제에 대한 새로운 해결책을 생각해 내게 한다."

–빌 게이츠

인공지능이 코딩을 하는 세상에 모두가 코딩 전문가가 될 필요는 없다. 현업에 있는 개발자들은 '이미 코딩 노예는 넘쳐난다'고 입을 모은다. 코딩이야말로 인공지능이 제일 잘할 수 있는 분야라고도 말한다. 그럼에도 불구하고 코딩 교육이 중요한 이유는 AI와 컴퓨터 시스템과 더불어 살아가는 시대에 이를 이해하고 흥미를 느낄 수 있는 기반을 제공하기 때문이다. 더 나아가, 코딩은 아이가 문제를 해결하기 위해 자신이 상상하거나 만들고자 하는 것을 실제로 구현할 수 있는 강력한 도구이기 때문이다.

아이들은 코딩을 배우는 과정에서 문제를 발견하고 해결하는 능력, 창의력, 협업 능력을 기를 수 있다. 실제로 성균관대학 안성진 교수팀이 진행한 연구조사에 따르면, 코딩 교육이 문제해결 능력 20%, 논리적 사고력 37%, 창의적 사고력 22%를 증가시킨 것으로 나타났다.

코딩 교육의 목적은 크게 두 가지다. 첫째, 컴퓨터 언어인 코딩을 사용해 프로그램 만드는 법을 배우는 것, 둘째, 정보를 연결하고 융합해 복잡한 문제를 논리적으로 단순화해 해결하는 과정, 즉 컴퓨팅 사고력의 증진이다.

부모가 중점을 둬야 할 부분은 컴퓨팅 사고력이다. 컴퓨팅의 기본 개념과 원리를 기반으로 문제를 효율적으로 해결할 수 있는 사고 체계를 가르치는 것이다. 쉽게 말해 컴퓨터가 어떤 순서와 과정에 따라 이 명령을 인식하고 받아들이는지, 어떤 과정이 가장 효율적이고 빠른지 찾아내는 능력이다. 컴퓨터 언어로 'Hello, world!'를 출력하는 코드를 달달 외워서는 안 된다.

컴퓨터에 명령하기 위해선 모든 단계를 빠짐없이 구체적으로 설명해야 한다. 그래야 목적을 이룰 수 있다. 이러한 단계를 '알고리즘'이라 한다. 알고리즘을 얼마나 잘 만드느냐에 따라 컴퓨터와 효과적인 대화가 결정된다. 쉽게 비유하자면 탕수육을 만드는 모든 단계를 순서대로 구성하는 것이 '알고리즘'이고, '기름을 냄비에 붓는다'와 같은 각각의 명령어가 '코딩'이다. 기름 온도는 얼마이며, 채소를 먼저 다질지, 고기를 먼저 썰지, 무엇을 먼저 볶을지 등 탕수육을 만드는 방법은 다양하다.

이처럼 내가 원하는 목표를 순서대로 할 수 있게 알고리즘을 짜는 과정에서 창의성과 논리적 사고력이 생겨나고 문제해결 능력을 키우게 된다.

컴퓨팅 사고력을
키우는 것이 핵심

아이에게 처음 코딩을 가르칠 땐 흥미 유발에 초점을 맞춰야 한다. C 언어, 자바 스크립트 등 컴퓨터 언어부터 가르치는 건 아이가 코딩과 멀어지는 지름길이다. 컴퓨터 없이 이뤄지는 '언플러그드 Unplugged 코딩'부터 시작해 보자.

한때 유튜브에서 인기를 끌었던 '정확한 설명서 만들기 Exact Instructions Challenge'라는 동영상을 보면 이해가 빠르다. 영상에서 아빠는 컴퓨터 역할이다. 아이들이 샌드위치 만드는 법을 적어오는 대로 아빠는 실행한다. 가령 아이들이 '잼 바르기'라고 적으면, 잼 뚜껑을 열지도 않고 빵에 문지른다. 샌드위치는 엉망이 된다. 아이들이 투덜대며 상세히 순서대로 수정해 온다.

"잼 뚜껑을 연다. 나이프를 잼 통에 넣는다. 퍼낸다. 빵에 바른다."

아이들이 코딩을 처음 접할 땐 학습용으로 쉽게 나온 '블록형 코딩'으로 시작하는 게 좋다. 가장 대표적인 무료 프로그램으로는 미국 MIT 미디어랩이 개발한 스크래치(https://scratch.mit.edu/)가 있다. 스크래치의 주인공은 '스프라이트'로 불리는 고양이다. 귀여운 고양이 캐릭터를 움직이며 장난감처럼 갖고 놀다 보면 간단한 게임 정도는 뚝딱 만들 수 있다. 스크래치의 가장 큰 장점은 다른 사람이 만들어 놓은 작품(프로젝트)의 소스를 공유할 수 있다는 점이다. 수준 높은 다른 사람의 코딩을 토대로 자신만의 창의적인 작품을 만들 수도 있다.

엔트리(https://playentry.org/)는 네이버에서 제공하는 '한국판 스크래치'다. 한국형인 만큼 미국에서 만든 스크래치보다 접근하기 쉽고 교재도 다양하다. 또 최신 언어인 만큼 그래픽이 뛰어나고 사용하기도 편리하다. 아이들은 다양한 코드를 짜면서 끊임없이 생각한다. 이 과정에서 논리적 사고력과 창의력이 길러진다. 친구들과 서로 머리를 맞대고 고민한다면 소통과 협업 능력도 기를 수 있다. 프로젝트를 완성하고 결과물에 대한 피드백을 공유하면서 더 나은 방법을 찾아내기도 한다.

여기에 하드웨어를 접목하면 흥미를 유발하는 것은 물론, 교육 효과도 극대화할 수 있다. 예를 들어, 자신이 만든 프로그램으로 전등을 끄고 켜거나, 자동차의 움직임을 제어하는 것 등이 가능하다. 이와 같은 작업에 주로 활용되는 기기는 '아두이노'와 '라즈베리파이'다. '아두이노'는 마이크로컨트롤러가 내장된 기기 제어용 기판으로, 컴퓨터 메인보드의 간소화된 버전이라고 할 수 있다. 이를 통해 다양한 센서나 전등, 장난감 등 여러 장치를 연결하고 코딩을 입력해 제어할 수 있다.

'라즈베리파이'는 영국의 라즈베리파이 재단이 학교에서 기초 컴퓨터 과학 교육을 증진시키기 위해 만든 싱글 보드 컴퓨터다. 손바닥만 한 크기로 키보드와 모니터를 연결해 사용한다. 아이들이 컴퓨터 화면을 통해 코딩하는 것보다 집중도가 올라가는 장점이 있다.

기본기를 다진 뒤 중·고등학교 정도에서 자바, C, 파이썬 같은 특정 언어를 본격적으로 배워도 늦지 않다. 코세라^{Cousera}, 칸아카데미$^{Kahn Academy}$ 등 수많은 온라인 과정에서 코딩 언어를 배울 수 있다. 단 자바, 파이선 등 각종 코딩 언어를 단순 암기하는 건 의미가 없다. 서울에서 부산 가는 길이 한 가지가 아니듯, 자기만의 문제해결 능력을 키워야 한다. 아이가 중급 단계를 넘었다면 커뮤니티에 가입하는 것도 추천한다. 깃허브github와 같은 커뮤니티에서는 실무 경력자들이 직접 진행한 프로젝트의 코드를 볼 수 있다. 글을 잘 쓰기 위해 좋은 글을 읽어야 하듯, 좋은 코드를 쓰기 위해서는 고수들의 코드를 꾸준히 접해야 한다.

다른 나라의
코딩 교육

코딩 교육 유행은 미국이 주도했다. 2013년 설립한 미국의 비영리단체 '코드닷오알지(https://code.org/)'는 무료 온라인 코딩 교육과정을 만들어 대대적인 홍보에 나섰다. 이 단체는 소프트웨어 교육의 기회가 인종·성별에 따라 편중되어 있다고 보았다. 누구에게나 코딩과 컴퓨터 공학을 배울 기회를 제공해야 한다고 주장했다. 마이크로소프트·구글·페이스북과 같은 많은 거대 IT 기업이 이 단체를 후원하고 오바마 전 대통령도 적극적으로 나섰다.

법인세율 '제로(0)' 정책 덕분에 '스타트업의 성지'로 불리는 에스토니아는 코딩 교육에서 선두 주자다. 1992년, 인터넷이라는 개념조차 생소하던 시절부터 디지털 혁명을 이끌며 전국 초·중·고에서 코딩 교육을 시작했다. 2012년부터 소프트웨어를 별도 교과목으로 선정하고 학년별 맞춤 커리큘럼을 도입했다. 이에 따라 모든 학교가 로보틱스, 코딩, 모바일 앱, 3D 설계, 멀티미디어 등 총 5개 분야 중 4개를 선택해 수업을 제공하고 있다. 에스토니아에서는 초등학교 1학년부터 코딩을 배우며, 일부 유치원생은 로봇을 이용한 코딩 교육을 받는다. 그 결과, 인구가 132만 명으로 가장 적은 EU 회원국인 에스토니아는 전 세계적으로 IT 전문가를 많이 배출하고 있다. 이러한 교육 혁신 덕분에 1995년 3,000달러에 불과했던 1인당 국민소득이 현재 3만 달러를 넘어서며 10배 증가했다.

인도 역시 IT 인재가 주목을 받으며 2010년부터 소프트웨어 교육을 초·중·고 필수과목으로 지정했다. 구글의 순다 피차이 CEO와 마이크로소프트의 사티아 나델라 CEO 모두 인도 출신이다. 인도에서는 고등학교 때 C++, 자바 스크립트 등 주요 코딩 언어를 학습한다.

미국에서는 페이스북과 마이크로소프트 등 IT 기업에 전폭적인 지원을 한다. 빌 게이츠 창업주와 마크 저커버그 창업주는 당시 1천만 달러를 들여 코딩 교육용 웹사이트 코드닷오알지(https://code.org/)를 만들었다. 애플 역시 시카고교육청과 손잡고 학생들의 코딩 공부를 지원하는 등 코딩 인재 양성을 위해 노력하고 있다.

영국은 2014년을 '코드의 해'로 선포하고, 공교육 과정에 코딩을 포함시켰다. 5세부터 16세까시 학생들이 코딩을 배우며, 처음에는 놀이를 통해 기본 개념을 익히는 방식으로 시작한다. 이후 점차 난이도를 높여가며 학생들이 코딩에 대한 흥미를 느끼고 능력을 키울 수 있도록 교육을 진행한다. 핀란드에서는 2016년 코딩 교육이 의무화됐다. 1~2학년 때에는 논리적으로 생각하는 방법, 명령을 정확하게 전달하는 방법 등 기초를 쌓고 3~6학년 때에는 컴퓨터를 이용해 코딩을 본격적으로 배운다. 우리나라 중학생에 해당하는 7~9학년 때에는 스스로 알고리즘을 짜서 프로그램을 만들 수 있도록 프로그래밍 언어를 최소 1개 이상 마스터한다. (출처: 매경이코노미, '앞서가는 코딩 선진국들')

머지않아 AI는 인간이 도저히 따라갈 수 없는 빠른 속도로 더 뛰어난 결과물을 만들어내는 시대가 올 것이다. 그럼에도 불구하고 코딩 교육이 중요한 이유는 배움의 목적이 단순히 결과물이 아니라 그 과정에 있기 때문이다.

"창의성을 어떻게 구현할 것인가?" 이 질문이야말로 AI와 인간을 구분하는 핵심 차별점이다. 전 알리바바 그룹 마윈 회장은 이렇게 말했다.

"앞으로의 30년은 인터넷 기업이 주도하는 세상이 아니라,

인터넷 기술을 얼마나 잘 활용하느냐에 따라 국가와 기업, 그리고 젊은이들이 주인공이 되는 세상이 될 것이다."

부모인 우리도 늦지 않았다. 아이와 함께 코딩의 세계를 탐닉해 보자. AI와 함께할 미래, 그들의 언어를 모르고 살아가는 건 축구 선수가 규칙을 모르고 시합하는 것과 다를 바 없지 않겠는가.

인공지능과 맞설 무기는 비판적 사고다

모든 정보가 손바닥 안에 들어오면서 우리 뇌는 깊이 사유하는 힘을 잃어가고 있다. SNS에 몇 글자, 길어야 몇 줄짜리 글을 올리고, 긴 글 읽기를 점차 귀찮게 여긴다.

문제는 AI가 제시하는 콘텐츠의 질이다. 누구나 콘텐츠를 생산하는 시대다. 가짜뉴스의 수법은 점차 교묘해지고 있다. AI는 데이터를 기반으로 학습한 결과를 내놓는 알고리즘에 불과하다. AI는 정보가 옳은지 그른지 판단하는 능력이 없다. 정보 출처가 믿을 만한지 아닌지도 구별하지 못한다. 그럴듯해 보이는 정보 홍수 속에서 길을 잃기 쉽다. 비판적 사고 훈련이 필요한 이유다. 더군다나 플랫폼 알고리즘은 개인의 취향, 성향 등을 파악해 입맛에 맞는 정보 위주로 제시한다. 이른바 '필터버블filter bubble' 현상이다. AI는 나와 같은 견해를 가진 사람들만 친구 추천을 한다. 뉴스도 내가 클릭한 것과 유사한 뉴스만 골라 보여 준다. 유튜브에 들어가면 '친절한 알고리즘씨'가 내가 그동안 즐겨봤던 것을 근거로 비슷한 내용의 콘텐츠를 보여 준다. **정보가 넘쳐나는 것 같지만 사실은 자기 생각과 같은 정보만 편식하게 된다. 확증편향이 커질 수밖에 없다. 깊이 사고하지 못하고 쉽게 선동당한다. 콘텐츠는 갈수록 무궁무진해지는데 아이러니하게도 다양성과는 멀어진다. 정신 차리지 않으면 내 생각마저 AI가 지배한다.**

어디 그뿐인가. 인간의 마지막 영역이라던 문화예술계마저 AI 논쟁으로 뜨겁다. 'AI 미술가', 'AI 화가'의 작품이 고가에 팔리고, 'AI 시인'의 시는 문학상 후보에 오르며, 'AI 작곡가'의 음악을 즐기는 이들이 늘어난다. 국내외에서 'AI 아트' 전시회가 열리고, 갤러리와 경매를 통해 작품 거래가 이뤄진다. 더 나아가 서로 다른 장르인 음악과 미술, 그리고 문학을 융합할 수 있다. AI는 BTS를 들으며 팝아트를 할 수도 있고, 르누아르를 학습하며 영감을 얻어 서정시를 쓸 수도 있다. 시대의 흐름에 이미 문화예술 시장의 한 축을 형성한 AI 작품은 예술의 본질, 인간이란 무엇인가, 같은 근원적 질문을 우리에게 던진다.

일각에선 인공지능이 제아무리 진화한다 해도 모방과 조합, 이른바 '짜깁기'라고 한다. 그렇지만 현재 기술 발달 속도에 비춰볼 때 창작 영역에서도 AI와의 협업은 불가피하다. 그럼 'AI 예술가'와 차별성을 둘 수 있는 인간만의 필살기가 있을까? 알파고가 이세돌 9단에게 이겼을 때만 해도, 인공지능은 개와 고양이를 구별하지 못했다. 그러다 소셜미디어 열풍과 함께 SNS에 개 사진이 수천만 장 쌓이면서 개와 고양이를 구별하게 되었다. 인공지능이 데이터를 통해 인식을 확장한다면 인간은 데이터를 비판적으로 받아들이면서 기존과 다른 데이터를 만들어 간다. 이것이 인공지능과 인간 지성의 차이다.

미래를 결정하는 건 생각이다

비판적 사고는 쉽게 말해 상황이나 말, 지식, 정보 등을 무조건 받아들이지 않고 따져 보는 것이다. 합리적으로 의심하고 비판적으로 바라볼 때 기존의 상식을 넘어서는 새로운 가치와 아이디어가 탄생할 수 있다. 따라서 데이터를 수동적으로 받아들이기만 하면 인간 고유의 창의성마저 인공지능 차지가 될 것이다. 그러나 AI가 창조하는 예술품에 대해 의문을 품고, 다르게 생각하는 힘이 있는 한, '인간 예술가'는 입지를 잃지 않을 것이다. 카메라가 나왔다 해서 그림이 없어진 게 아니듯 말이다.

비판적 사고는 자신과 다른 생각에 대해 자기 의견을 제시하고, 소통하고, 교류하는 과정이다. 따라서 비판적 사고는 자기 생각을 검토하고 의심하는 반성적 자세, 그리고 비판을 수용하고 자기 의견을 수정, 보완하는 열린 태도까지 포함한다.

흔히 비판적 사고는 삐딱하고 까칠한 태도라고 여기지만 사실 그 반대다. 비판적 사고는 내가 알고 있는 어떤 지식과 신념도 완벽하지 않으며, 언제라도 더 나은 지식으로 대체될 수 있음을 받아들이는 겸허한 태도를 말한다. 소크라테스의 '너 자신을 알라'는 가르침은 비판적 사고의 핵심이다. 자신의 무지를 깨달아야만 다양한 지식과 의견을 받아들여 진리에 다가설 수 있다. 쇼펜하우어는 이렇게 말했다.

"생각하는 사람은 생각하지 않는 군중과 거리를 두어야 하고 오직 자기 생각에 따라 행동해야 한다."

우리 삶, 미래를 결정하는 건 생각이다. 독립적인 삶을 위해선 비판적 사고가 있어야 한다. 비판적 사고를 하는 이들은 끊임없이 질문한다.

'지금 생각이 진짜 나의 생각인가? 아무 생각 없이 당연하게 받아

들인 것은 아닌가? 다른 의견은 없을까? 그 의견에 대해 나는 어떻게 반박할 수 있을까?'

스스로에게 끊임없이 질문하며 생각의 주인이 된다. 독립적으로 관찰하고 비판적으로 사고한다. 4년제 대학 졸업 후 대기업 취업이나 공무원 시험에 몰리는 집단적 무의식에 휩쓸리지 않는다. 대신, 자신만의 열정을 발견하고 그 열정에 불을 지핀다.

교육 선진국 핀란드는 '비판적이고 독립적인 시민 양성'을 교육 목표로 한다. 개개인이 '생각하는 존재'가 되도록 가르치는 데 초점을 맞춘다. 모든 시험은 서술형이다. 수학시험 시간에 계산기는 물론 공식도 주어진다. 계산, 공식 암기가 아니라 수학적 사고를 시험하기 때문이다. 1980년 후반부터 핀란드는 '지식이란 무엇인가', '학생은 어떻게 배워야 하는가'와 같은 주제를 고민했다. 그리고 결론 내렸다. 아이들에게 최대한의 '자유'를 주면 비판적 사고력과 문제해결력, 창의성이 키워진다고 말이다. 당시 마이너스 경제성장률, 급증하는 실업률을 핀란드는 '생각 교육'으로 타개책을 마련했다. 주입식 교육으로는 '비판적, 독립적 시민'을 기를 수 없다.

프랑스에서 고등학교 철학교사는 가장 존경받는 직업 중 하나로 꼽힌다. 그만큼 철학적 사유를 중시하는 문화가 자리 잡고 있다. 프랑스의 고교 졸업시험인 바칼로레아가 끝나는 날이면 카페는 사람들로 붐빈다. 그해 바칼로레아 철학 시험문제가 언론에 공개되면, 사람들이 모여 자연스럽게 토론을 벌이기 때문이다.

'권리를 수호한다는 것과 이익을 옹호한다는 것은 같은 뜻인가?', '우리는 과학적으로 증명된 것만을 진리로 받아들여야 하는가?' 정답은 없다. 비판적, 창의적 생각을 자기만의 논리로 잘 전개할수록 높은 점수를 받는다. 이들은 어려서부터 친구들과 토론하고 글쓰기를 하며 생각하는 훈련을 한다.

하버드대학보다 입학이 어렵다고 알려진 미네르바스쿨에서는 첫 1년 동안 모든 학생이 같은 수업을 듣는다. 수업은 크게 네 가지로 구성되며, '비판적으로 생각하기'와 '상상력을 발휘해 생각하기'라는 두 가지 개인 스킬, 그리고 '원만한 커뮤니케이션'과 '상호교류(인터랙션)'라는 두 가지 대인 스킬을 다룬다.

예를 들어, '미국은 세계에서 가장 강한 나라다', '비타민 C는 감기에 효과가 있다'와 같은 일반적인 주장이 과연 타당한지 이론적으로 고민하고, 데이터를 활용해 검증하는 과정을 거친다. 이를 통해 설득력 있는 논리를 조직하는 훈련을 한다. 학교 설립자인 벤 넬슨은 이 과정을 '뇌 수술'이라고 부른다. 그만큼 비판적 사고력을 키우는 데 집중하는 것이다.

생각 근육을 단련하는
다섯 가지 방법

생각하는 것도 연습이고 훈련이다. 꾸준히 반복하다 보면 습관이 된다. 마치 야구나 축구 연습하듯, 아이와 함께 '생각' 훈련을 해보자.

미국의 비영리단체 '비판적 사고 재단Foundation for critical Thinking'은 비판적 사고력을 키우기 위해 다섯 가지 방법을 제안한다.

첫째, 아이들이 내용을 완전히 이해 못 했을 땐 구체적인 예를 들어, 설명해 주거나 함께 검색하며 알아본다. 비판적 사고의 첫걸음은 정보에 대한 정확한 이해다. 아이에게 잘 모를 때는 질문해야 한다는 사실을 강조한다.

둘째, 정보의 진짜, 가짜 여부를 확인하는 습관을 길러 준다. "이게 정말일까? 다른 곳도 같은 내용을 말하고 있을까?" 인터넷 검색부터 책, 신문, 잡지 등 다양한 수단을 통해 정보를 객관적으로 검증하는 능력을 길러 줘야 한다.

셋째, 아이와 이야기를 나눌 땐 아이가 주제나 논점에서 크게 벗어나지 않도록 지도한다. 아이가 너무 먼 주제로 빠지려고 할 때 적절한 질문을 던진다. 꼬리에 꼬리를 문 질문을 이어가는 것도 좋은 방법이다. 스스로 답을 생각하면서 아이는 '사고력'을 키운다.

넷째, 아이가 자기주장을 논리적으로 말할 수 있도록 돕는다. 주장을 이야기하면 "왜 그렇게 생각했어?"라고 물어보며 스스로 근거를 찾도록 한다. 자기주장에 대한 근거를 말하는 습관을 들이면 논리적 사고가 만들어진다. 아이가 댄 근거가 합당한지, 그렇지 않다면 왜 그런지 이야기를 나눠 본다.

다섯째, 아이가 상대 입장에 서서 자기 의견을 비판하도록 지도한다. 그래야 상대 논리에 반박하는 자기만의 논리를 세울 수 있다. 오직 자기 생각과 주장만 일방적으로 내세우는 게 비판적 사고가 아니다. 다른 생각과 의견을 겸허히 받아들이고, 자기 생각을 만들어 가는 과정이 중요하다.

노벨평화상을 받은 미국의 인권운동가 마틴 루터킹 주니어는 이렇게 말했다.

"교육은 거짓에서 참을 분간하고 허위에서 사실을 판별할 수 있도록 근거를 거르고 따져볼 수 있는 능력을 길러 주어야 한다."

그 어떤 것도 그냥 받아들이지 않고, 자기만의 관점과 세계관을 가져야 한다. 합리적으로 의심하고 비판하는 능력만이 '인간의 왕좌'를 지켜 줄 수 있다. 우리의 교육과 시험 방식도 변화할 수밖에 없다. 이는 시대의 흐름이며, 시간문제일 뿐이다. 점점 생각할 필요가 없어지는 디지털 세상에서, AI와 차별화할 수 있는 유일한 무기는 바로 '생각'이다. 그러므로 생각 공부는 매우 중요하다. 생각 근육을 키워 나가자.

하루 15분 대화로
아이의 자기 표현력을 키운다

'숙제의 종말', '숙제가 사라지고 있다'는 미국 일간지 기사의 제목이다. 미국 국가교육통계센터 조사에 따르면, 미국의 13세 학생 중 37%가 수업 전날 숙제가 없었다고 응답했다. 이는 2012년 같은 질문에 대한 응답률인 21%와 비교해 거의 두 배 가까이 늘어난 수치다.

이러한 변화의 대표적인 원인 중 하나로 AI의 영향을 꼽을 수 있다. 특히 2022년 생성형 AI의 등장 이후, 문제에 대한 답을 제시하는 기존의 과제 평가 방식이 학생들의 능력 향상에 실질적인 도움이 되지 않는다는 것이다.

2022년 미국 럿거스 대학의 교수들은 숙제와 시험 성적에 대한 연구를 진행한 결과, 숙제를 했음에도 비슷한 유형의 문제를 시험에서 해결하지 못한 학생의 비율이 최근 10년 동안 급속도로 증가했다고 한다. 즉, 숙제가 지식 습득에 큰 도움을 주지 못했다는 것이다. 이러한 현상은 많은 학생이 인터넷을 이용해 숙제를 한 후 더욱 두드러지고 있다.

교육계에서는 학생들의 챗GPT 등 인공지능 사용을 어떻게 다뤄야 할지 고민이 깊다. 대안으로 과제를 낸 뒤 수업 시간에 발표나 토론을 함으로써 확인하는 방법 등이 거론되고 있다. **시험 평가 방식 또한 구술, 면접 비중이 점차 높아질 것으로 전망된다. 비단 학교에서 평가를 잘 받기 위함이 아니더라도 말하기, 표현 능력의 중요성은 크다. AI, 디지털 도구가 발달할수록 인간적인 소통의 가치는 더욱 귀해질 것이다. 그 어떤 좋은 결과물도 표현하지 못하면 소용이 없다.**

글로벌 회계컨설팅 법인에서 국내 기업의 재무, 회계, 세무 관련 부서 임직원 600여 명을 대상으로 설문 조사를 했다. "AI가 도입되는 미래에 회계사와 감사 전문가에게 가장 중요한 역량은 무엇인가?"라는 질문에 대한 가장 많은 응답은 'AI 데이터에 대한 전문성과 경험'이었다. 1위는 어느 정도 예상된 답변이었지만, 2위는 꽤 놀라웠다. '주요 이해관계자들과의 의사소통 능력'이 꼽힌 것이다.

대개 회계사와 같은 전문가 집단일수록 일의 전문성만 갖추면 된다고 생각하기 쉬운데, AI시대에는 그렇지 않다. 자신의 인사이트를 다른 사람에게 설명해서 이해시키고 '세일즈' 하는 의사소통 능력이 훨씬 중요해진다. 팀 간의 의견을 조율하고 리더십을 발휘하는 인간의 영역은 계속해서 넓어질 것이다. 과묵함은 이제 미덕이 아니다.

학교 수업이
토론 중심으로 바뀐다

"제가 말을 못 해서….."라고 말하는 이들이 많다. 말을 잘 못 하는 가장 큰 이유는 생각 정리가 안 됐기 때문이다. 옷장 정리가 되지 않으면 어디서 뭘 꺼내 입어야 할지 모르는 것처럼 말도 마찬가지다. 생각이 차곡차곡 정리돼 있지 않으면 말의 앞뒤가 맞지 않는다. 무슨 말을 하는지 알기 어렵다.

말 잘하는 사람은 전달하고자 하는 주제를 명확히 하고, 근거와 이유를 생각한다. A로 시작해서 B, C를 이야기했으면, 다시 A로 돌아온다. **논리적이지 않은 사람은 말이 무의식의 흐름대로 간다. A로 시작해서 B, D, K로 갔다가 F로 끝난다. 말하기 스킬이 아닌 사고력 부재가 문제다.**

토론은 말하기 능력과 논리적 사고력을 동시에 잡는 확실한 훈련 도구다. 그뿐 아니라 미래 역량으로 꼽히는 소통과 협업, 융합, 인성, 자기주도학습 능력까지도 키울 수 있다. 이미 대학원이나 기업은 면접 때 '토론'을 필수항목으로 넣고 있다. 생각하는 힘과 융합, 소통 능력이 점차 중요해지면서 학교 수업도 주입식에서 토론 중심으로 바뀔 전망이다.

하버드대학이 '최고의 기숙학교'를 뽑은 적이 있다. 쟁쟁한 기숙학교 가운데 1위를 차지한 곳은 필립스 엑시터 아카데미였다. 마크 저커버그가 졸업한 곳으로도 유명한 이곳의 경쟁력은 바로 '하크네스 테이블'이다. '하크네스'는 필립스 엑시터 아카데미 교실 한가운데 있는 원형 탁자다. 이곳에선 과학이나 음악 수업도 토론식으로 이뤄진다. 따라서 예습 없이는 하기 힘들다. 예습은 단순히 개념이나 공식을 보고 가는 정도가 아니다. 수업 전에 '스스로 할 수 있는 최대의 공부'를 하는 것이다. 들어가기도 힘들지만 졸업하는 게 더 힘들다. 수업은 이미 공부한 내용을 친구들과 토론하면서 배움을 나누는 시간이다. 이들은 4년 동안 단순히 말 잘하는 연습뿐 아니라 '스스로 배우는 힘'을 기른다.

AI를 비롯한 최첨단 기술의 융합이 이끄는 4차 산업혁명 시대에는 복잡하고 어려운 문제를 해결하기 위해 '메디치 효과Medici Effect'

가 필수적이다. 이는 전혀 다른 분야들이 교차하고 융합되어 창조와 혁신의 큰 변화를 일으키는 현상을 의미한다.

15세기 메디치 가문은 피렌체의 영향력 있는 가문으로 수많은 과학자, 조각가, 화가, 시인, 철학자를 후원했다. 이 때문에 피렌체엔 당대의 걸출한 인물들이 한곳에 모였다. 서로의 벽을 허물고 밤낮 가리지 않고 토론의 꽃을 피웠다. 당시 피렌체는 역사상 가장 폭발적인 창조의 중심지가 되었고, 여기서부터 르네상스 시대가 열렸다. 건강한 토론은 다양한 지식과 경험, 기술을 가진 사람들이 융합할 수 있는 장을 마련한다.

토론은 생각의 지평을 넓힌다. 잘 알려졌다시피 힐러리 클린턴은 중학교 시절 열렬한 공화당 지지자였다. 그녀의 운명이 바뀐 것은 학창 시절 단 한 번의 토론 대회였다. 1964년 미국 대통령 선거 당시 정치 교사였던 베이커 선생님은 힐러리에게 민주당 대통령 후보 편에서 토론해 보라고 권했다. 당시 민주당을 지지했던 앨런에게는 공화당 지지 토론을 맡겼다. 힐러리 자서전을 보면 힐러리는 토론이 있기 전부터 공화당에서 민주당으로 마음이 기울었다. 상대편 입장에 서보기 전엔 절대 이해할 수 없던 게 가슴으로 전해진 것이다. **상대방의 논리에 반박하다 보면 평면적인 생각이 입체적으로 완성된다.**

토론은 일상 속에서 내 목소리를 독립적으로 내는 힘을 길러 준다. 프랑스 사람들은 대화를 통해 자기 생각을 표현하는 데 적극적이다. 어린 학생들이 정부 정책에 반대하기 위해 피켓을 들고 거리에 나가는 모습이 전혀 특이하지 않은 나라다. 이들은 어릴 때부터 학교에서 일어나는 문제에 대해 발언권을 갖고 자유롭게 표출한다. 자기주장이 있다는 것은 항상 '깨어 있는 생각'을 가진다는 의미다. 그렇게 해야 기존의 사고방식이나 틀, 전통, 관습, 그리고 타인의 기대에서 벗어날 수 있다. 편견이나 부당한 대우로부터 자신을 지키는 것은 바로 '생각'과 '말'이다. 자기만의 생각을 갖고, 그것을 표현할 수 있어야 비로소 '나답게' 살 수 있다.

토론의 달인
세종대왕의 토론법

남다른 리더십으로 위대한 업적을 남긴 세종대왕 역시 뛰어난 토론의 달인이었다. 세종의 경청법은 토론에서 중요한 교훈을 준다.

1단계는 '짐은 잘 모른다'로 대화를 시작한다. 공부를 즐기던 세종은 먼저 자신이 아는 것이 부족하니, 상대방에게 가르침을 청하는 겸손한 태도를 보인다. 이는 상대방의 의견을 충분히 들을 수 있도록 '멍석을 깔아주는' 방식이다. 장자는 『지북유』 편에서 "아는 사람은 말하지 않으며, 말하는 사람은 알지 못한다."라고 말했다. 즉, 말을 더하는 능력보다는 빼는 능력에서 더 많은 의견과 지혜가 나온다는 것이다. 토론에서도 다양한 의견을 경청하고 배우겠다는 마음을 열 때 비로소 의미 있는 토론이 가능해진다.

2단계는 '경청'의 자세다. '경의 의견은 어떠한가?'라는 질문을 던지며 다양한 의견을 수용할 때 전혀 다른 해법이 나온다. 다른 이의 이야기를 들으면 결국 자신에게 득이 된다. 독일 철학자 게오르크 헤겔Georg Hegel은 "마음의 문을 여는 손잡이는 마음의 안쪽에만 달려 있다."라고 했다. 경청은 상대방이 마음을 스스로 열게 하는 열쇠다.

3단계는 칭찬의 힘이다. **상대방 말에 "경이롭도다!"라고 맞장구를 쳐 준다. 토론이 감정싸움으로 번지지 않기 위한 특효약이다. 상대를 존중하면 그대로 돌아온다. 토론에서 지고 이기는 그 자체는 의미가 없다. 토론은 문제에 대한 가장 좋은 결론, 해법을 도출하기 위한 수단이기 때문이다.** 궁극적으론 사람의 마음을 설득하고 움직여야 한다. 토론이 끝나면 서로 최선을 다해 준 상대방과 악수하며 웃을 수 있어야 한다.

부모와 나누는 대화에서
큰 영향을 받는다

많은 부모가 고민한다. 토론이 좋다는 건 알겠는데, 대체 어떻게 가르쳐야 할지 막막하다. 불안하니 학원이라도 보내야 할 것 같다. 물론 도움이 될 수 있지만 일주일에 한두 번 학원에 가는 것으로 마법과 같은 기적이 일어나지는 않는다. 근원적 처방이 아니다.

아이의 언어 습관은 부모와의 대화에서 가장 큰 영향을 받는다. 하루 15분만 아이와의 대화에 투자한다고 생각하자. 찬반 논쟁만이 토론이 아니다. 일상에서의 토의와 문답, 대화 모두 넓은 범위의 토론이다. 처음부터 어렵게 생각하면 시작조차 하지 못한다. 처음엔 매일 조금씩 습관을 만드는 게 중요하다.

한 프로그램에서 미국 유대인 가정의 식사 시간을 보여준 장면이 인상 깊었다. 대화는 이렇게 흘러갔다.

> **아빠** 아마존에 불이 났다는 소식 들었니?
>
> **아들** 아마존이 우리가 숨 쉬는 산소의 3분의 1을 만든다고 들었어요.
>
> **아빠** 맞아. 우리가 숨 쉬는 산소의 약 20%가 아마존에서 나오는 거니까 아주 큰 사건이지?

아들 얼마나 많이 탔어요?

엄마 정확히는 모르겠지만 우주에서도 아마존에서 난 화재가 보인대.

아들 우선 대통령에게 이 문제에 관해 이야기해야겠어요.

엄마 대통령을 만나면 뭐라고 이야기할 건데?

아들 아마존 화재가 지속되면 우리를 포함한 지구 전체가 위험에 빠질 수 있어요. 지금 당장 행동하지 않으면 우리 미래는 망가질 거예요.

엄마 좋아. 엄마가 대통령이 되어 볼게.

"내가 고용한 과학자들의 말에 따르면, 네가 말하는 지구 환경의 변화는 일어나지 않는다는구나. 이건 지구가 미래로 나아가기 위한 과정 일부일 뿐이야." 이렇게 말한다면 어떻게 할래?

아들 우선 그 과학자들은 어디서 채용하셨나요? 그리고 지구의 급격한 기후변화에 대해서는 어떻게 설명하실 건가요? 며칠 전에는 화씨 105도였는데 다시 화씨 60도가 됐어요. 그리고 일부 지역에서는 눈도 내려요.

엄마 실제로 날씨 변화가 일어난다는 증거를 말하는 거구나.

아들 네. 예전에는 이런 일이 일어나지 않았으니까요.

아빠 너도 알다시피 브라질에서 일어난 일이라고 해서 남의 일이라고 생각해선 안 돼. 이건 우리 모두의 문제니까 말이야.

아들 그런 내용이 어디 적혀 있나요? 만약 지구 전체를 위협하는 일이 생긴다면 다른 나라가 참견할 수 있는 조약이 있나요?

엄마 미국은 여러 나라와 그런 조약을 맺었지만 현 정부가 그걸 잘 지키고 있지는 않아. 하지만 정말 좋은 질문이었단다.

유대인은 집에서 끊임없이 질문하고 토론한다. 학교에서도 마찬가지다. 학생들에게 주제를 던져 주고 서로 질문하고 토론하는 방식이다. 질문에 답을 하는 과정에서 단지 생각하는 것만으로도 생각이 넓어진다. 나아가 틀에서 벗어난 사고를 하게 된다. 하루 15분, 아이와 대화를 나눈다고 생각하고 질문하자. "오늘 숙제했어?", "게임 좀 줄여야 하지 않아?" 이런 일방적 지시나 잔소리, 훈계는 아이의 입을 막는다. 토론 근력을 키우기 위해선 열린 질문을 해야 한다. "어떻게 생각하니? 왜 그렇게 생각해? 그건 뭘 의미하는 걸까? 더 넓게 생각해 보자. 어떻게 해결하면 좋을까?".

1만 시간 법칙이 있다. 일반인이 '생활의 달인'이 되는 데는 최소 1만 시간의 노력이 필요하다. 토론도 마찬가지다. 아이가 토론 연습을 한다고 느끼지 못할 정도로, 일상 속에서 자연스럽게 토론을 경험하게 하자. 아이가 스스로 흥미를 느끼고 내적 동기를 가질 때, 토론 실력은 빠르게 향상된다. 무엇이든 스스로 잘하고 싶다는 의지가 있을 때, 그 열정이 실력 향상의 큰 동력이 된다. 토론도 마찬

가지로, 아이가 자발적으로 참여하고 싶어 할 때 진정한 성장이 이루어질 수 있다. 부모 역할은 아이가 생각할 수 있도록 질문하고, 잘 들어주면서 동기 부여해 주는 것으로 충분하다. 토론의 형식과 절차는 차츰 익히면 된다. 그렇게 1만 시간을 향해 가면 토론의 달인이 된다. 하루 15분, 승패는 꾸준함에 달려 있다.

단 이것만은 반드시 알려 주자. 대화, 토론에서 가장 치명적인 실수가 내 말만 늘어놓는 것이다. 상대방 말을 끝까지 안 듣고 끊어버리는 것. 그러고선 자기가 말을 잘한다고 착각한다. 노래방에서 마이크 안 놓는 사람이 있으면 분위기도 싸하고 재미없다.

누구나 자기 이야기를 들어주는 사람을 좋아한다. 토론에서도 열린 태도가 중요하다. 다름은 틀린 것이 아니다. 공자는 제자들이 자기 의견에 "네", "맞습니다." 답하는 걸 좋아하지 않았다. 다른 의견과 반론이 있어야 배울 수 있다고 생각했기 때문이다. 다른 걸 받아들일 때 성장한다. 토론할 때 상대에 대한 태도 역시 중요하다. 토론할 땐 상대의 지적을 수용하고 존중해야 함을 일깨워 줘야 한다. 상대 의견에 반박할 땐 "좋은 의견입니다.", "저도 그 부분은 인정합니다."로 시작해야 함을 가르쳐 주자. 토론이 한층 매끄럽게 진행된다.

토론은 관계다. 말싸움으로 상대를 무찌르는 게 아니다. 상대를 설득해 합의점, 좋은 결론을 이끌어가는 과정이다. 토론을 잘하고도 사람들의 마음을 얻지 못하면 토론을 잘했다고 보기 힘들다. 사람을 잃으면 전부를 잃는 것이다.

토론을 즐기면 삶이 배움의 장이 된다. 삶이 즐거워진다. 언제, 누구를 만나도 대화를 나누며 지적 유희를 만끽할 수 있다. 더불어 성장한다. **질문하고 답하면서 생각 근육을 튼튼히 만든다. 자기 생각을 자신 있게 표현하면서 누가 뭐래도 '마이 웨이'를 갈 수 있는 용기가 생긴다. 나다움을 잃지 않는다. 각자의 개성 뚜렷한 생각이 만나 불꽃 튀는 토론을 벌일 때 창조적 혁신이 피어오른다.** 스티브 잡스는 '토론 없이 혁신은 불가능하다'라고 강조했다.

오늘부터 식탁을 토론의 장으로 만들어 보자. 우리 집 문제부터 토론으로 풀어나가 보자. 집에서부터 혁신을 이뤄 보자. 아이는 분명 자기 목소리를 세상에 내게 될 것이다. 세상의 문제를 함께 풀어 갈 것이다. 삶의 순간순간을 배움으로 즐기며 더불어 성장해 나갈 것이다.

평생 글쓰기 시대, WQ를 키워라

　　기록하는 인간 '호모 스크립투스'. 머나먼 옛날 동굴에 그림을 그리며 자신의 흔적을 남기고자 했던 인간은, 디지털 시대를 지나서도 여전히 기록하는 존재로 남아 있다. 다만 방식이 달라졌을 뿐이다. 과거에는 글쓰기가 작가나 기자 같은 특정 직업인의 영역이었다. 하지만 이제는 누구나 블로그나 SNS를 통해 자신의 목소리를 내고, 글로 사람들과 연결될 수 있다.

　　AI가 인간보다 더 빠르고 매끄럽게 글을 써내는 시대, 드디어 글쓰기는 이 시대에서 밀려나는 걸까? 그렇지 않을 것이다. AI가 아무리 정교한 글을 만들어낸다 해도 인간의 감정과 경험을 완벽히 대체할 수 없다. 그렇게 믿고 싶다. 설사 인공지능이 완벽한 글을 써

낸다 해도 글쓰기 교육은 반드시 필요하다. 생각하는 힘이 경쟁력인 인공지능 시대에 글쓰기는 인간의 사고력과 창의성 등을 길러주는 강력한 도구이기 때문이다.

새롭게 떠오르는 '글쓰기 지수'

이미 대학들은 입시에서 글쓰기 비중을 늘리고 있다. 시대적 요구에 따른 세계적 추세다. 우리와 비슷한 주입식 교육을 하던 일본은 2020년부터 수학능력평가를 전면 폐지하고 국제바칼로니아 International Baccalaureate 방식으로 바꿨다. 일본 학교들은 1주일 35시간 수업 가운데 23시간을 토론과 글쓰기 수업으로 진행한다. 대학입학시험도 100% 논술형이다. 우리나라 교육 현장에서도 주입식 교육의 변화를 촉구하는 목소리가 높다. 방향성은 이미 나와 있다. 생각하는 힘을 기르고, 생각의 핵심을 명확히 전달하는 글쓰기가 필요한 이유다.

코딩 프로그램 스크래치를 만든 MIT 공대 미첼 레스닉 Michel Resnick 교수는 "아이들에게 코딩보다 글쓰기를 먼저 가르쳐야 한다."라고 강조했다. 인공지능이 기사나 소설을 쓰는 시대에 굳이 글쓰기를 가르쳐야 할 필요가 있는지 묻는 이들에게 미첼 교수는 말한다.

> "바보 같은 질문이다. 당장 생일 축하 카드부터 우리 삶 모든 부분에 쓰기가 있다. 무엇보다 쓰기는 사람들에게 생각하는 법을 가르친다. 글을 쓰면서 아이디어를 체계화하고 개선하고 검토하는 법을 배운다. 글을 잘 쓸수록 생각을 잘하는 사람이 된다."

결국 글쓰기도 훈련이다

문제는 글쓰기가 쉽지 않다는 데 있다. '글쓰기의 거장' 어니스트 헤밍웨이도 이렇게 말했다.

> "글쓰기가 늘 힘들었고, 때로는 거의 불가능했다. 단 한 번도 글쓰기가 쉬운 적이 없었다. 모든 초고는 쓰레기다. 특히 내 글은 더하다. 그래서 초고는 걸레로 나올 것을 잘 알고 있으니, 맘 편히 쓴다."

많은 사람이 헤밍웨이가 『노인과 바다』의 초고를 400번 가까이 수정했다는 사실을 잘 알지 못한다. 그럼에도 불구하고, 우리는 수백 번의 수정을 거쳐 완성된 원고를 자신의 글과 비교하며 성급히 결론 내리곤, '나는 글쓰기에 재능이 없어.'라는 오류를 범한다.

흔히 글쓰기는 '그분'의 영감을 받아 신들린 듯 쓴다고 생각하지만 글은 재능이 아니라 엉덩이로 쓴다. 글쓰기 고수들이 예외 없이 하는 말이 있다.

"일단 매일 써라."

오은 시인은 글쓰기에 재능이란 게 있다면 '꾸준함'밖에 없다고 단언한다.

> "누구도 한 번에 완벽히 쓸 수 없다. 첫 문장이 다음 문장을 불러들이고, 그것들 사이에 다리를 놓으면서 글을 완성해 나가는 것이다."

꾸준히 하기 위해선 습관이 돼야 한다. 하루 한두 줄, 세 줄, 이렇게 쓰는 날이 이어지면 습관이 된다. 습관은 하기 싫은 마음의 장벽을 무너뜨린다. 아이가 초등학교 2, 3학년쯤 되면 많은 부모가 고민한다. "아이 글쓰기는 어떻게 가르쳐야 할까요?", "애가 글쓰기를 너무 싫어해요.", "논술 학원을 보내야 할까요?" 사교육이나 독서 토론 프로그램의 도움을 받는 것도 글쓰기 길잡이의 대안이 될 수 있다.

단, 아이가 즐기는 선에서, 부담이 없어야 한다. 아이가 글쓰기를 즐기지 못하면 제아무리 잘 가르치는 논술 학원이라도 소용없다.

평생 글쓰기의 운명을 좌우하는 건 어릴 적 글쓰기와의 로맨스다. 초등학교 3, 4학년까지는 '썸' 타는 시기를 무사히 넘기고 안정적인 관계까지 가는 게 목표다. 글을 쓸 때 설렘과 흥분을 느끼는 경험은 '평생 글쓰기'의 첫 번째 관문이다. 그러나 대부분은 이 첫 관문에서 실패한다. '로맨스'는커녕 '썸'조차 못 탄다. 첫인상이 고약해서다.

초등학교 방학 때 '최악의 기억'을 꼽으라면 밀린 일기 쓰기가 단연 1위일 것이다. 그림 그리기 싫은데 그림 칸은 왜 그리 넓은 건지. 쓸 말도 없는데 한 페이지 다 채우느라 진을 뺀다. 국어책에서 시 몇 개 읽은 게 전부인데 시를 지어오라고 한다. 시에 꼭 맞는 그림을 그리고 색칠도 해가야 한다. 어렵고 힘들고 귀찮다. 한 반에 50명이 넘었던 과거엔 선생님의 선택을 받은 소수의 작품만 교실 벽에 걸려 빛날 수 있었다. 글쓰기에 대한 실패 경험, 부정적 감정들이 쌓이고 쌓인다. 글과 담을 쌓는 일련의 과정이다.

이 밖에도 글쓰기를 싫어하는 이유는 백만 가지다. 이문재 시인이자 경희대 후마니타스칼리지 교수는 이렇게 분석한다.

"가장 큰 원인은 글쓰기를 배운 적이 없다는 것이다. 일단 초·중·고등학교 교과과정에 글쓰기 수업이 없다. 전문 교사가 없으니, 글쓰기 수업도 전무한 실정이다. 둘째, 쓸 말이 없다. '인풋'이 있어야 '아웃풋'이 있는데, 독서량이 턱없이 부족하다. 문해력과 창의적 사고력 역시 바닥 수준이다."

입시 경쟁에 찌들어 생각 없이 외우는 데 익숙한 아이들에게 자기 생각을 써내는 논술시험은 괴로움 그 자체다. 지문을 읽고, 답을 쓰고, 빨간펜으로 첨삭을 받고, 고치고를 반복하면서 점점 글쓰기와 멀어져간다. 이런 실패 경험을 반면교사 삼아 아이의 글쓰기를 지도해 보면 어떨까?

초등 글쓰기 지도 방법

1. 글쓰기와 친해지게 한다

아이가 글을 잘 쓰고 못 쓰고는 지금 단계에서 중요치 않다. 글쓰기를 좋아하는가, 이게 핵심이다. 아이가 글쓰기와 좋은 관계를 맺도록 도와주자. 가장 쉽게 시작할 수 있는 것이 '일기 쓰기'다. 일기라 해서 반드시 일기 형식을 고수할 필요는 없다. 기분에 따라 그림만 그려도 되고, 글씨만 써도 된다. 글의 분량도 강요하지 말자. 쓰다 보면 자연스럽게 글쓰기 실력이 는다. 맞춤법도 책을 읽으면 점차 고쳐진다. '쓰는 행위'에 친밀감을 느끼는 게 최우선이다. 일기라 해서 꼭 밤에 쓸 필요도 없다. 만물의 기운이 사그라드는 밤에는 아이도 피곤하다. 아이의 에너지가 충만하고 기분이 좋을 때를 노리자.

2. 글감을 함께 찾아보자

일기를 쓸 때 가장 곤혹스러운 것은 '뭘 쓸까?' 하는 고민이다. "아이가 맨날 쓸 게 없대요."라고 말하는 경우가 많다. 그렇다면 평소 아이를 살피며 아이가 재미있어 하거나 몰입하는 순간들을 찾아보는 것이 중요하다.

한번은 아이가 공짜로 앱을 만들 수 있는 법을 알게 됐다면서 내 핸드폰을 빌려 간 적이 있었다. 아이가 앱을 만들고 나서 흥분이 가라앉지 않은 틈을 타 나는 "이거 일기로 쓰면 엄~청 재밌겠다."라며 운을 띄웠다. 주제가 정해지면 글쓰기에 발동이 걸린다. 가족 일기장을 거실에 두고 틈날 때마다 글을 남기는 것도 강력 추천한다. 직접 말로 하기엔 쑥스러운 내용도 일기 형식을 빌려 소통할 수 있다. 이 방식을 잘 활용하면 글쓰기가 일상이 되기도 한다. 하고 싶은 말이 특별히 없을 때는 감사 일기를 남긴다.

"날씨가 좋아서 감사합니다.", "친구랑 재미있게 놀아서 감사합니다.", "일이 잘 끝나서 감사합니다."

3. 칭찬은 글쓰기를 춤추게 한다

아이의 글을 읽을 땐 감동의 '리액션'이 필수다. 평소 거울을 보고 연습할 가치가 있을 만큼 부모의 오버액션이 필요하다.

"어머, 이런 표현은 기가 막히다. 눈물이 날 것 같아.", "오, 마이, 갓! 이런 상상력은 대체 어디서 나온 거야?", "작가 탄생!"

글솜씨는 칭찬을 먹고 자란다. 『대통령의 글쓰기』로 유명한 강원국 작가도 아내의 칭찬 덕에 지난 세월 글쓰기를 이어올 수 있었다고 고백했다. 빨간펜 대신 색연필이나 형광펜을 손에 들자.

"너무 좋은 표현인데." "와, 어떻게 이런 생생한 문장을 썼어?"

칭찬하고 싶은 부분을 꼭 집어 하이라이트, 별표, 하트를 날려주자. 사실 칭찬만 잘해도 아이의 글쓰기는 춤을 춘다.

4. 책 형태로 만들어 보자

글은 기억의 재편집이자 성장의 기록이다. 아이는 글을 통해 기억을 재구성하고, 자신의 성장을 확인한다. 아이의 글을 소중히 모아 종종 추억을 되새기는 시간을 선물하자. 아이가 기록의 즐거움을 느끼는 순간, 글쓰기는 8차선 고속도로에 올라탄 것이다. 모은 글을 책으로 엮어 가족들, 주변 사람들에게 선물해도 좋다. 비용이 부담스럽다면 집에서 책 형식으로 만드는 작업도 추억이 된다.

아이는 작가가 된 기분을 만끽함은 물론 글쓰기에 열정과 자신감의 날개를 단다. 블로그 '이웃'이나 친구, 가족들의 댓글과 관심은 아이가 글쓰기를 이어가는 원동력이 될 수 있다.

5. 좋은 글의 요건을 알려 준다

아이가 첫 관문을 무사히 통과했다면 이제 좋은 글의 요건을 알려 주자. 글쓰기 법은 책 한 권으로 다 설명할 수는 없지만, 좋은 글이 가지는 공통적인 특징들만 간략히 추려볼 수 있다.

첫째, 좋은 글은 오감을 자극한다. 마치 그 장면이 눈앞에 펼쳐지거나, 냄새가 코를 찌르거나, 귓가에 목소리가 들리는 듯한 생생함을 전달해야 한다. 그런 글은 자연스럽게 잘 읽힌다.

둘째, 주장이나 사실에 대한 근거가 풍부하다. 사실관계가 분명하고, 비유와 예시, 비교가 적절하다. 또 인과관계가 명확해 충분히 이해된다.

셋째, 군더더기가 없다. 『글쓰기 생각 쓰기』 저자이자 컬럼비아 대학 언론대학원 교수 윌리엄 진서William Zinsser는 이렇게 말했다.

"군더더기 없이 깔끔하면서도 정확한 글, 술술 읽히되 무릎을 치게 만드는 글을 쓰자. 멋부리느라 장황하게 늘어놓는 일은 피하자."

　빼도 의미에 문제가 없다면, 그 부분은 과감히 지우는 것이 좋다. 글쓰기는 크게 문학적 글쓰기와 논리적 글쓰기로 나뉘며, 논리적 글쓰기는 수영을 배우듯 훈련을 통해 익힐 수 있다. 그러나 누구나 '수영 황제' 펠프스가 되는 건 아니듯, 문학적 감수성은 재능과 노력, 시간이라는 3박자가 필요하다. 일상에서 아이와 대화할 때 오감을 적극 활용해 보자. 아이의 말과 글에 생동감이 깃드는 것이 눈에 보일 것이다.

　"구름이 달콤해 보인다.", "너 표정이 크리스마스이브 같아.", "오늘 하루는 핑크빛이다, 설렌다.", "이 문제는 질긴 고기를 먹는 것 같아."

　어떤 장면이나 상황을 두고 말하기 릴레이 게임을 해 보는 것도 좋다.

　"노을이 화를 내네.", "노을에 고기를 구워 먹어야지.", "노을이랑 달걀이 어울리네."

　얼핏 들으면 웃기지만 감수성과 표현력 기르는 데 도움이 된다.

　논리적 글쓰기는 자기주장에 대한 근거를 통해 상대를 설득하는 글이다. 논리적 글쓰기에서 특히 중요한 것이 '문단'에 대한 개념이다. 글쓰기가 하나의 큰 덩어리라면 문단은 작은 덩어리다. 각각의 작은 덩어리를 잘 엮으면 글이 된다.

아이에게 문단 개념을 알려줄 땐 색종이를 활용하면 좋다. 먼저 색깔별로 색종이를 놓고 각 문단에 들어갈 주제문을 한 문장씩 쓴다. 둘째, 색깔별 주제문과 관련된 문장들을 2~3문장 정도 연결하는 연습을 한다. 셋째, 그 색종이를 순서대로 이어 붙이면 한 편의 글이 된다. 문단 쓰기와 구성하기에 익숙해지면 이를 기초로 다양한 글쓰기를 시도할 수 있다.

요즘 아들의 최대 관심사는 강아지 입양이다. "왜 강아지를 입양해야 한다고 생각해?" 아이는 목에 핏대를 세우며 주장과 그에 대한 근거를 이야기했다. "글로 한번 써 볼까?" 아이는 부모를 설득해내고야 말겠다는 의지를 불태우며 글쓰기에 몰입했다.

"나는 강아지를 입양해야 한다고 생각한다. 첫째, 나는 강아지와 있을 때 행복하다. 강아지를 키우면 산책을 시키며 운동할 수 있어 건강에 도움이 된다. 셋째, 강아지랑 같이 자면 외롭지 않다. 보리가 하늘나라에 간 날 나는 잠을 깊이 잘 수가 없었다. 보리같이 착한 강아지를 입양해서 내가 훈련을 시킬 것이다."

이걸 본 아빠는 다음과 같은 반론을 써서 벽에 붙였다.

"강아지가 있으면 공부에 집중할 수 없다. 강아지와 함께 자면 깊이 잘 수 없다. 강아지를 훈련시키는 건 쉽지 않다. 강아지를 데리고 여행 다니기가 어렵다."

자극받은 아들은 재반박하는 글을 써서 또 붙였다. 이름하여 '글쓰기 핑퐁 게임'이다. 이러한 과정에서 '생각하는 힘'과 함께 논리적 글쓰기에 대한 기초가 차곡차곡 쌓인다. 아이의 글쓰기 의욕을 불태우는 주제를 찾아 '넛지(옆구리 찌르기)'를 해 보자.

아이와 함께
첫 문장을 써 보자

글쓰기는 요리와 참 닮았다. 먹고 싶은 요리를 고르듯 먼저 '쓰고 싶은 주제'를 정하자. 갖고 싶은 것, 보고 싶은 넷플릭스 프로그램, 좋아하는 축구 선수, 방학 때 가고 싶은 여행지 등 모든 게 글감이다.

주제가 정해지면 자료 검색에 들어간다. 음식을 만들기 전 재료를 준비하듯, 다양한 책과 영상을 참고해 생각의 재료를 모은다. 준비한 재료가 신선하고 다양할수록 글도 풍성해진다. 또 유명 맛집을 찾아가 요리 노하우를 배우는 것처럼, 글쓰기에서도 다른 글을 읽고 배워 나가는 과정이 중요하다.

잘 쓴 글을 많이 읽고, 필사와 낭독을 해 보자. 이 과정을 통해 자기만의 색을 입혀가며 글쓰기 스타일을 찾아갈 수 있다. 글을 완성했다면 소리 내어 읽어보며 어색하거나 부족한 부분을 찾아 고치는 작업을 반복하라. 이러한 과정을 거치다 보면 매력적이고 깊이 있는 글쓰기를 완성할 수 있다.

아이와 함께 일단 첫 문장을 적자. 잘 쓰겠다는 힘은 빼자. 글은 삶의 결정체다. 뿌리 깊은, 균형 잡힌 삶에서 좋은 글이 나온다. 직접적이건 간접적이건 경험한 삶의 깊이, 폭만큼만 쓸 수 있다. 세상엔 많고 많은 신동이 있지만 글쓰기만큼은 재능의 소질 정도는 간혹 보이기도 하지만 신동이 없는 이유다. 살아온 만큼, 살아온 결대로 쓸 수밖에 없다. 종종 글처럼 삶의 방향이 가기도 한다. 글쓰기가 아이의 삶을 풍성하게 하리라 믿는다. 생전에 법정 스님은 이렇게 말했다.

"인간의 목표는 풍부하게 소유하는 것이 아니고, 풍성하게 존재하는 것이다."

\<챗GPT\> 글쓰기 교육, 어떻게 바뀌어야 할까

AI 시대의 글쓰기 교육은 문법이나 형식에 국한되어서는 안 된다. 아이들이 창의적으로 사고하고 AI와 효과적으로 협력하는 방법을 배우도록 돕는 데 초점을 맞춰야 한다. 또한 글쓰기는 자신의 생각을 체계적으로 정리하고 이를 독창적으로 표현하는 능력을 기르는 과정이어야 한다. 물론 AI는 글쓰기에 강력한 도구로 활용될 수 있지만, 지나치게 의존할 경우 아이들의 독립적 사고와 문제 해결 능력을 약화시킬 위험도 존재한다.

특히, AI의 결과물을 무조건 받아들이기보다는 비판적으로 검토하고 필요할 때 수정하는 능력을 길러주는 것이 중요하다. 다만, 이 과정에서 AI에 지나치게 의존하게 되면 창의적인 사고가 저해될 수 있으므로 부모와 교사는 균형을 맞춰야 한다. 아이가 AI의 제안을 참고하되, 스스로 글을 수정하고 개성을 더하는 데 집중할 수 있도록 도와주어야 한다.

초등 학년별 글쓰기

초등 1~2학년: 자기 생각을 표현하는 법을 익혀야 한다. 글쓰기에 익숙하지 않다면 말이나 그림으로 대신한다. 또래끼리 한 주제를 가지고 자유롭게 얘기하거나 부모와 대화하는 기회를 늘린다.

초등 3~4학년: 자기주장과 의견을 표현해야 한다. 문단 쓰기를 배우고, 쓰기에 대한 자신감을 가져야 하는 때다. 세상에 대한 '문제의식'을 갖는 훈련이 필요하다. 세상에 관심을 두고 '왜 그럴까?'에 대한 자기 생각을 쓸 수 있어야 한다. 평소 '왜 플라스틱 빨대를 써야 할까?' 같은 질문으로 자극을 주는 게 좋다.

초등 5~6학년: 자기 생각이 강해지고 배경지식도 확장된다. 본격적으로 읽기와 쓰기에 돌입하는 단계다. 무조건 많이 읽으라는 강요는 금물이다. 책을 정독해야 한다. 10권을 읽는 것보다 1권을 꼼꼼히 읽고 '자기화'하는 과정이 필요하다.

3장

내 아이의 미래 지도,
어떻게 그릴 것인가

세상을 조금이라도 더 살기 좋은 곳으로 만드는 것
당신이 이 땅에 잠시 머물다 감으로써
단 한 사람의 인생이라도 행복해지는 것
이것이 진정한 성공이다.

–랄프 왈도 에머슨

틀을 깨고
상자 밖에서 날게 하라

　　세상은 언제나 기준을 만들고, 그 기준에 따라 사람들을 평가한다. 그 기준이 정답마냥 여겨질 때, 다르게 생각하는 사람들은 쉽게 오해받고 때로는 외면당한다. 하지만 변화와 혁신은 늘 그 기준 밖에서 시작되었다.

　"왜 그래야 하지?", "다른 방법은 없을까?"

　　당연하다고 생각하는 것을 당연하지 않다고 생각하고 의문을 던진 사람들 덕분에 인류는 새로운 길을 열어왔다. 창의성은 바로 그 물음표에서 시작된다. 그리고 오늘날, 창의성은 생존과도 같은 필수 역량이 됐다.

　　특히 생성형 인공지능의 시대에 창의성은 더욱 중요해졌다. 과거에는 근면 성실이 성공의 열쇠였다면, 이제는 다르게 생각하고 문제를 풀어나가는 능력이 핵심이다. 인공지능이 많은 일을 대신해 줄 수 있는 시대일수록, 인간만이 가진 고유한 시각과 독창성이 더욱 빛을 발한다. 대량생산의 시대에는 개인의 독창성보다는 근면하고 성실하게 주어진 일을 수행하는 것이 중요했다. 이러한 태도는 1800년대 말 미국 경제를 발전시키는 원동력이 되기도 했다. 조승연 작가는 이 같은 교육을 두고 한마디로 정리했다.

> "우리 머릿속에 꽂혀 있는 교육에 대한 철학이 2차 산업혁명의 리더인 록펠러라는 사람의 회사 이름으로 정리된다. 록펠러의 회사 이름은 '스탠다드'였다."

진짜 창의성을 키우기 위해선 '스탠다드'를 뽑아내고 인문학의 영어 버전인 '리버럴liberal'을 심어줘야 한다. '리버럴'이라는 단어는 본래 로마제국에서 노예가 아닌 자유인을 지칭했다. 이는 남의 지시에 따라 일하는 사람이 아니라, 스스로 원하는 일을 선택하고 결정하는 사람을 뜻한다.

이제 중요한 것은 '자기만의 생각', '다르게 생각하는 힘'이다. 그 어떤 유명한, 훌륭한 사람의 말이라도 의문을 제기할 수 있어야 한다. 다르게 볼 수 있어야 한다. 이는 미래 핵심 역량 중 하나인 비판

적 사고의 출발점이기도 하다.

인공지능과 공존할 세상에 '노예가 아닌 사람'으로 살기 위해서는 '리버럴'해야 한다. 자유롭게 생각하고, 마음껏 표현할 수 있어야 한다. 기억하자. 생각이 없으면, 생각 있는 누군가의 노예로 살게 된다.

튀는 아이로 키워라

유대인은 어릴 적부터 가정에서 질문하고 답하는 '하브루타'를 한다. '하브루타'는 둘씩 짝을 지어 질문과 토론식으로 하는 그들만의 공부법을 일컫는다. 짝은 누구나 될 수 있다. 상대의 나이, 직위, 권위 이런 것에 전혀 개의치 않고 논쟁을 벌이는 것이 특징이다. 어떤 것도 정답은 없다고 생각하는 유대인은 기존 이론이나 학설에도 반기를 들고 자기주장을 펼친다.

나아가 유대인 부모는 남보다 잘하라고 말하지 않는다. 대신 '남과 다르게'를 강조한다. '다 똑같이 한 쪽으로 가면 세상은 기울어질 것'이란 탈무드 격언과 함께. 그리고 늘 아이에게 생각을 묻는다. "네 생각은 뭐니?"

노벨상 수상자와 세계 석학들 가운데 유대인이 많은 건 이 같은 배경 덕분이다.

창의력 분야의 최고 권위자이자 『틀 밖에서 놀게 하라』의 저자인 김경희 윌리엄메리대학 종신교수는 '튀는 아이'로 키워야 한다고 말한다.

> "기존의 지식이나 기술을 대체하는 특별하고 기발한 아이디어는 틀에 박힌 생각만 해서는 절대로 나오지 않는다. 또 튀는 사람은 성공의 개념이 남들과 다르기 때문에 다른 사람의 기대에 부응하거나 자신의 성공을 남에게 증명하려고 애쓰지 않는다. 튀는 태도를 갖춘 사람은 자신만의 길을 걸으면서 규칙을 만들어나가고, 그에 따른 결과에 책임질 준비가 되어 있다."

우리는 아이의 창의력을 키우려고 애쓰지만 튀는 태도에 대해선 부정적이다. 김 교수에 따르면, 아이들은 초등학교 고학년에서 중학교 저학년 사이에 남다르게 생각하거나 행동하는 것을 꺼리는 경향이 있다. 이 시기는 호기심과 상상력이 가장 많이 감소하는 시기라는 분석도 있다. 이를 방지하려면 학교와 가정에서 아이의 독창적인 생각과 개성을 인정하고 존중하는 문화가 필요하다.

'튀는 태도'를 가진 아이로 키우기 위해선 먼저 스스로 사랑하는 법을 가르쳐야 한다. 다른 사람의 기준에 맞추고, 타인의 인정에 목

매지 않아야 남다른 시각을 가질 수 있다. 아이의 튀는 행동이 걱정스럽더라도 믿고 지지해 주자.

튀는 태도를 지지해 주는 건 실제로 효과가 있었다. 어느 날 아들이 학교 갈 때 핑크색 티셔츠 입기를 거부했다. '친구들이 놀려서 입기 싫다'는 것이었다. 아이에게 "왜 남들과 똑같아야 하는 거야?" 물었더니 우물쭈물 답을 하지 못했다. 그 틈을 타 아이에게 다름의 가치를 말해 주었다.

"왜 남의 생각대로 네가 살아야 해? 남과 똑같아야 해? 다른 건 창의적인 거야. 좋은 거지. 다 똑같으면 재미없지 않겠어?"

아들 녀석은 이제 남다른 무언가를 시도하는 데 거침이 없다. 오히려 어떻게 하면 더, 더, 다르게 해 볼까를 고민하는 아이가 되었다. '나는 남과 다르게 하는 사람'이라는 자아정체성을 가진 아이에게 창의적 자신감이 생긴 것은 덤이다.

아이들은 자기 고유의 빛으로 태어난다. 저마다의 색으로 빛나는 아이들은 창의성 그 자체다. 하와이 야자수처럼 자유롭다. 그런데 우린 이 자유로운 영혼을 자꾸 상자 안으로 밀어 넣는다. 아이들은 시간이 지날수록 점점 비슷비슷해진다. 고유의 빛을 잃는다. 모든 색을 합치면 검정이 된다. 창의성은 자기 빛으로부터 나온다. 아이가 상자 밖 삶에서 호기심을 채우고, 자기 생각을 마음껏 분출할 시간을 주자.

"Be different."

다르게 생각하고, 표현하고, 토론하며 새로운 생각을 키워야 한다. 어떤 의견이나 생각도 존중받을 때 자기만의 생각을 표현하는 힘이 길러진다. 다름의 가치를 존중할 때 창의성이 시작된다. 기술보다 문화에서 먼저 혁신이 일어나야 한다는 말이다.

창의력은 훈련으로 길러진다

대부분의 사람은 창의성이 아인슈타인 같은 몇몇 천재들만의 특권이라고 생각한다. 우리는 '나는 창의성과는 거리가 멀어.'라고 여겨 스스로 포기하기도 한다. 그러나 세계적 디자인 혁신 기업 IDEO의 창립자이자 『유쾌한 크리에이티브』의 저자 데이빗 켈리는 '우리는 모두 태어날 때부터 창의적인 존재임을 깨달아야 한다'고 강조한다. 그는 이렇게 말했다.

"사람들이 창의적인 자신감을 가지면, 자신의 삶에서 진정으로 중요한 일에 몰두하기 시작한다. 더 흥미로운 아이디어를 많이 내게 되고, 그중 더 좋은 아이디어를 선택해 결국 더 좋은 결정을 할 수 있다."

가장 중요한 건 자신이 긍정적인 변화를 일으킬 수 있다는 믿음, '자신감'이다. 우선 내 안에 창의성이 무한함을 믿고 시작하자.

챗GPT와 함께 창의성 기르는 법 −written by 챗GPT

1. 아이디어를 마음껏 펼칠 수 있는 환경 제공하기

어떻게 활용하나요?

- **챗GPT로 질문 놀이하기:** 아이가 흥미를 느끼는 주제에 대해 챗GPT에게 질문을 던지게 하세요. 예를 들어, "우주에는 왜 공기가 없을까?", "공룡은 어떤 소리를 냈을까?" 같은 질문은 아이의 호기심을 자극합니다.
- 답을 받은 후, 아이와 함께 더 많은 질문을 던지며 대화를 이어나가세요. "그렇다면 만약 우주에서 살아야 한다면, 어떤 집이 필요할까?" 같은 질문으로 창의적 사고를 유도할 수 있습니다.

왜 중요할까요?

아이들은 무한한 상상력을 가지고 있습니다. 제한 없는 질문과 답변 과정은 아이가 생각을 확장하고 독창적인 아이디어를 발전시키는 데 큰 도움을 줍니다.

2. 스토리텔링 놀이

챗GPT의 역할

- 챗GPT를 활용해 아이와 함께 이야기를 만들어 보세요. 아이가 줄거리의 시작을 정하면, 챗GPT가 이를 확장하거나 새로운 아이디어를 제공합니다.
- 예: "한 마법사는 매일 아침 커피 대신 무지개를 마셨는데, 어느 날 무지개가 사라졌어!"라는 시작을 던지면 챗GPT가 이어서 이야기를 만들어 갑니다.

응용 팁

- 아이가 직접 그림을 그리거나 캐릭터를 디자인하게 해 보세요. 이 과정에서 창의성과 표현력이 함께 개발됩니다.

3. 문제 해결 능력을 키우는 게임

챗GPT로 문제 만들기

- 현실적이거나 상상 속 문제를 제시하세요. 예를 들어, "어떻게 하면 비가 오지 않을 때도 정원에 물을 줄 수 있을까?" 같은 질문을 던지고, 챗GPT와 함께 해결책을 구체화합니다.
- 챗GPT는 추가 아이디어를 제안하거나, 아이가 내놓은 아이디어에 대해 피드백을 줄 수 있습니다.

왜 효과적인가요?

문제를 해결하는 과정은 아이의 논리적 사고와 창의력을 동시에 키워줍니다. 특히, 실제로 시도해 볼 수 있는 프로젝트로 연결하면 아이의 성취감도 함께 높아집니다.

4. 창의적인 글쓰기와 그림 그리기

챗GPT와 함께 창작물 제작하기

- 아이가 좋아하는 주제를 선택해 짧은 이야기를 쓰게 하세요. 챗GPT는 이야기를 개선하거나 새로운 캐릭터나 플롯을 제안할 수 있습니다.
- 아이가 글에 맞는 그림을 그리거나, 반대로 그림을 그린 후 그 그림에 맞는 이야기를 만들어보게 하세요.

활동 확장하기

- 완성된 이야기를 가족 앞에서 발표하거나, 소책자로 만들어 주는 것도 좋은 방법입니다. 아이가 자신감을 얻고, 창작 과정에 더 몰입할 수 있습니다.

5. 상상력을 자극하는 가상 여행

챗GPT로 가상 탐험하기

- 챗GPT에게 "우리 우주여행을 떠나볼까?", "중세 성을 탐험하고 싶어!" 같은 요청을 하세요. 챗GPT는 아이에게 상상의 세계로 가는 가이드 역할을 합니다.
- 아이는 스스로 탐험하고 싶은 장소를 선택하고, 챗GPT의 설명을 통해 새로운 사실과 아이디어를 얻을 수 있습니다.

확장 팁

- 활동 후에는 탐험한 내용을 그림이나 말로 표현하게 해 보세요. 예를 들어, "우리가 본 외계 생물을 그려 볼까?" 같은 과제가 효과적입니다.

6. 놀이 기반 학습과 협력 게임

챗GPT로 협력 게임 만들기

- 예를 들어, 챗GPT에게 "우리가 함께 해결할 수 있는 재밌는 문제를 만들어 줘"라고 요청하세요. 챗GPT는 팀워크를 요하는 미션을 제안할 수 있습니다.
- 아이는 가족이나 친구와 협력하여 문제를 해결하며, 창의력뿐만 아니라 소셜 스킬도 발전시킬 수 있습니다.

7. 실험과 탐구 활동

아이디어 제공자 역할로서의 챗GPT

- 아이가 궁금해하는 주제를 가지고 작은 실험을 진행해 보세요. 챗GPT는 필요한 정보를 제공하거나 실험 방법을 제안할 수 있습니다.
- 예: "우리가 집에서 무지개를 만들려면 어떻게 해야 할까?"라는 질문에 대한 답변을 활용해 실제로 실험해 보세요.

혁신의 지름길?
답은 협업이다

시대를 바꾼 혁신가들의 삶을 보면 공통점을 발견할 수 있다. 바로 '협업'이다. 혁신가들은 협업을 통해 각자의 아이디어를 발전시키고 부족한 부분을 채워 나갔다. 희대의 천재 개발자 스티브 워즈니악Steve Wozniak은 "내가 무언가 멋진 걸 만들면 스티브는 그걸로 돈을 벌 방도를 마련했다. 내 컴퓨터를 멋지게 선보여 팔아보자고 생각한 건 스티브였다."라고 말했다.

전기 전문 작가 월터 아이작슨Walter Isaacson은 저서 『이노베이터』에서 워즈니악과 잡스의 독특하면서도 강력한 파트너십에 대해 "판다처럼 생긴 워즈니악은 천사 같은 순둥이였고, 하운드 견처럼 생긴 잡스는 악마 같은 투지가 넘치는 최면술사였다."라고 말했다.

이 평가에서 볼 수 있듯이 두 사람은 각기 다른 성격과 강점을 가지고 있었지만, 협업을 통해 서로를 보완하며 혁신적인 성과를 만들어냈다. 이처럼 협업은 혁신을 이루는 핵심 요소로, 각자의 강점을 살리고, 부족한 부분을 채워주는 중요한 역할을 한다.

AI 시대에는 여러 직무, 특히 단순 반복적인 일을 인공지능과 로봇이 대체한다. 그러면 인간은 무엇을 해야 할까? 지루하고 반복적인 일을 로봇이 한다면 인간은 창조적이고, 감성적이며, 재미있는 일에 집중할 수 있다. 4차 산업혁명 시대에는 로봇이 힘들고 반복적인 노동을 대신하고, 인간은 창조적인 일을 하며 인간과 로봇이 공존하게 될 것이다.

그렇다면 교육의 방향성은 뚜렷해진다. 창조성과 감성을 갖춘 인재를 키우는 것이다. **창의성 발현을 위해서도 협업 능력은 필수적이다. 창조는 연결에서 나오기 때문이다. 대개 창의성이 뛰어난 이들은 남과 어울리지 못한다는 인식이 있지만, 융합과 협력이 중요한 AI 융합 시대에는 혼자 성공할 수 없다. '협력하는 괴짜'가 되어야 한다.**

혼자 뛰지 말고,
같이 날아라

창조와 혁신은 어느 날 하늘에서 뚝 떨어지는 것도, 땅에서 솟아나는 것도 아니다. 월터의 말을 더 들어보자.

"혁신은 고독한 천재의 머리에서 전구가 반짝 켜지는 순간보다는 팀에서 나오는 경우가 훨씬 많다. 과학 혁명, 계몽주의, 산업 혁명 모두 협업을 위한 제도가 있었고, 아이디어를 공유할 네트워크가 있었다. 그러나 그 말은 디지털 시대에 훨씬 더 잘 들어맞는다."

잡스는 '독재자'라는 평을 받기도 했지만, 그는 다양한 사람들과의 만남에서 아이디어가 나온다는 사실을 항상 기억했다. 컴퓨터 애니메이션 영화 스튜디오인 픽사를 인수하고 새 본부를 설계하면서 그는 협업의 중요성에 강하게 집중했다. 직원들이 우연히 만날 수 있도록 건물 구조를 설계하고, 화장실 위치까지 세심하게 고려했다고 전해진다.

창조와 혁신을 위해 '협업'은 필수다. 그러나 협업이 말처럼 쉬운 게 아니다. 다들 그런 경험이 있을 것이다. 팀별 과제를 할 때, 종종 누구는 무임승차하고, 열심히 하는 사람은 정해져 있고, 점수는 똑같이 받는 일 말이다. 실제 기업에서도 협업이 오히려 조직의 성과를 저해한다는 조사 결과가 나오기도 했다. 하지만 이는 협업에 대한 준비가 철저히 되지 않아서다. 협업 경험과 문화가 뒷받침되지 않은 상태에서 팀 프로젝트를 진행하면 백전백패일 수밖에 없다. 이찬 서울대 경력개발센터장의 이야기는 이 같은 교육 현실을 뼈아프게 꼬집는다.

> "서울대 입시 성공기는 많은데 서울대생의 취업 성공기는 많지 않다. 서울대생은 쉽게 취직할 것으로 생각하지만 이들도 좌충우돌한다. 기업은 '협업'할 수 있는 사람을 원한다. 리더 역시 협업을 가능케 하는 사람이다. 그런데 우리는 경쟁하며 학습했다. 협업을 배울 기회가 없었다. 요즘 소통 능력, 창의력, 정보 선별 능력에 관해 이야기하는데 이는 협업이 전제될 때 극대화된다."

IT융합 전문가이자 미래학자인 정지훈 대구경북과학기술원 겸임교수는 '통섭형, 협업형, 네트워크형 인재가 흥할 것'이라면서 '인간성이 좋아야 살아남는다'며 이렇게 조언했다.

> "다양한 영역을 재결합, 재조합하여 혁신적인 아이디어를

끌어내야 하는 세상입니다. 그러기 위해선 협업을 해야 하는데 협업은 '인성'이 중요합니다. 재수 없는 사람과 협업하고 싶으신가요? 아니지 않나요? 새로운 관계를 받아들일 수 있는 유연함이 있어야 합니다. 혼자선 아무것도 할 수 없어요. 작은 혁신으로 세상을 바꿀 수 있는 지금, 개개인의 특장점을 살려 협업하는 인재가 돼야 해요."

협업 능력을 키우는 법, 네 가지

그렇다면 협업 능력을 키워 주려면 어떻게 해야 할까?

첫째, 가장 중요한 것은 자기가 맡은 역할을 제대로 해내는 것이다. 협업의 가장 기본 원칙이다. 제 역할을 다하지 않는 팀원은 팀에 굉장히 부정적인 영향을 끼친다.

둘째, 생활 속에서 가족끼리 상의하고 협력하는 경험을 키워 주자. 여름 휴가를 어떻게 짤지, 대청소 분담은 어떻게 할지 등 아주 사소한 일도 아이들의 의견을 듣고 참여시키는 것이 좋다.

셋째, 친구들과 함께 어울리는 자리를 많이 만들어주자. 새로운 사람과 만나 스스럼없이 소통하는 경험이 많을수록 좋다.

넷째, '다른 것'이 '틀린 것'이 아님을 가르쳐 줘야 한다. '다름'이

가지는 힘은 굉장히 세다. 의견이 다를 때는 조율해 나가는 경험을 해 봐야 한다. 그럼에도 갈등이 생겼을 때 스스로 해결해 내는 경험을 하게 한다. 독서를 통해 간접적으로 갈등 해결 능력을 키워 보는 것도 좋은 방법이다. 상황 속 인물이 되어 문제를 바라보고, 나라면 어떻게 갈등을 풀어갈지 대화를 나눠 본다.

공부 방법도 달라져야 한다. 전 세계 각계각층에서 두각을 나타내는 유대인들은 함께 공부한다. 이들은 도서관에서도 시골 장터보다 시끄러울 정도로 대화하며 공부한다. 자신이 익힌 것을 말로 설명하고, 상대방의 질문에 답하고, 토론하면서 원활한 소통법을 배운다. 동시에 상대방의 논리를 이해하고 반박하기 위해 경청하는 습관을 함께 기른다.

또한 혼자 학원에 가거나 인터넷 강의를 보며 반복해서 문제를 푸는 공부법보다 마음 맞는 친구들과 함께 공부하는 그룹을 만들면 좋다. 발제하고, 질문하고, 답하고, 토론하는 공부법을 시작해 보자. 지금 당장 함께 공부할 수 있는 학습 친구를 찾아보자. 그리고 팀 프로젝트 과제를 귀찮게 생각하지 말고, 협업 능력을 키울 최고의 기회로 삼아 보자. 장기적으로 미래 사회를 준비하는 공부법이다.

아이에게 가르쳐야 할,
작지만 강력한 마인드

아이에게 '배워서 남 주고', '벌어서 나누는' 삶의 기쁨을 알려 주자. 속없이 베풀기만 하는 아이가 지금 당장은 실속 없어 보이겠지만, 긴 호흡으로 보면 그만큼 '남는 장사'도 없다.

살다 보면 뭘 해도 안 풀리는 순간을 맞기도 하고, 누구나 부러워하는 성공을 거머쥐기도 한다. 힘들 때 힘이 되는 것도 사람이고, 성공을 함께 기뻐해 주는 것도 사람이다. 성공의 길에 질투와 시기, 비난만 날아든다면 진짜 성공이라 볼 수 있을까. 팀, 조직의 발전을 위해 기꺼이 기여하고 헌신할 수 있어야 그 안에서 나도 성장한다. 혼자 잘난 사람이 아니라 함께 일하고 싶은 사람이 멀리, 길게 간다.

협업을 잘하는 사람이 실제로 더 많은 보상을 받는다. 전문가들은 협업이 잘 이뤄지지 않는 가장 큰 이유로 내게 돌아오는 이득이 없어서라고 봤다. 그 때문에 기업은 협업을 원활히 하기 위한 장치로 보상 체계를 만드는 데 심혈을 기울인다. 기업 입장에서 협업은 생존의 문제이기 때문이다.

미국의 고어W. L. Gore & Associate에선 한 구성원에 대한 업무평가를 해당 업무와 관련된 20명의 동료가 맡는다. 360도 다면평가제다. 리더 선발도 팀원들이 회의를 거쳐서 한다. 팀원들의 협력을 잘 끌어내는 사람이 리더를 맡는다. 실적, 성과에 따른 인센티브가 아니라 조직에 얼마나 기여했는지가 연봉을 결정한다. 함께 가는 것이 능력이다.

협업도 결국 사람 사이의 '관계' 문제다. 인간관계의 뿌리는 이타심에서 비롯된다. 다른 이에게 마음을 쓰라는 것이다. 뿌린 만큼 돌려받는 게 인생이다. 기독교에서는 '무엇이든 남에게 대접을 받고자 하는 대로 너희도 남을 대접하라'고 이른다. 다른 종교에서도 다르지 않은 가르침을 준다. 달라이 라마는 "남들이 행복하기를 원한다면 자비를 베푸십시오. 또 당신이 행복하기를 원한다면 자비를 베푸십시오."라고 말한다.

이 위대한 가르침에도 불구하고 대부분의 사람은 자기 앞가림하며 잇속 챙기기에 바쁘다. 남을 돌아볼 여유가 없다. 하지만 **가장 이타적인 행동이 결국 가장 이로운 결과를 가져온다는 사실을 아이에게 알려 주면 좋겠다. 관계는 남을 위하는 것에서 시작된다. 남을 위하는 것이 궁극적으로는 나를 위한 길임을 기억해야 한다.**

우리는 지금 급격한 기술 변화의 한가운데 있다. 인공지능, 빅데이터, 스마트팩토리와 같은 기계들은 인간의 능력을 시시각각 시험한다. 기계는 똑똑하지만 마음이 없다. 감정이 없다. 사람과 진심으로 소통할 수 없다. 감동도 없다. 이러한 **기계에 대체되지 않는 확실한 무기는 사람됨이다. 함께, 더불어 사는 삶의 기쁨을 아는 아이가 멀리 가고, 오래 가고, 행복하게 함께 간다.**

사람의 마음을 얻는 자, 천하를 얻는다고 했다. 어릴 때부터 이타심, 배려심을 가르치는 것이 아이의 삶에 이롭다는 것은 두말할 필요가 없다.

협업, AI 시대의 슈퍼파워

기술 발달로 우리가 해결해야 할 문제들은 점점 더 복잡해지고 있다. 그 누구도 혼자서 모든 것을 해결할 수 없다. 인공지능이 데이터 분석과 예측, 해결책을 제시해 줄 수 있지만, 궁극적으로 문제를 해결하기 위해서는 인간의 협업이 반드시 필요하다.

병원에서 AI가 증상을 분석하고 진단을 제시해 줄 수는 있지만, 최종 판단을 내리고 환자와 대화하며 마음을 돌보는 일은 의료진의 역할이다. 데이터를 다루는 과학자, 의사, 심리학자들이 협업해야 AI 진단이 환자에게 잘 전달될 수 있다. 그렇지 않다면 AI는 그저 차가운 기계일 뿐이다.

윤리적인 문제를 해결하는 데도 사람 간의 협업이 중요하다. AI는 인간이 만든 데이터를 학습하기 때문에 편향적일 수 있다. 이러한 문제를 투명하게 해결하려면 기술 전문가뿐 아니라 법률 전문가, 사회학자 등 다양한 분야의 관점이 필요하다. 기후 변화, 경제적 불평등 같은 복잡한 문제들도 마찬가지다. 다양한 시각을 가진 사람들이 머리를 맞대야만 해결책을 찾을 수 있다.

기술의 발전은 전 세계 사람들이 실시간으로 협업할 수 있는 시대를 열었다. 이제 문화적 차이를 뛰어넘어 소통하고 협업할 수 있는 능력이 더욱 중요한 가치로 자리 잡고 있다. 이를 위해 서로를 이해하고 존중하는 자세가 필요하다. 인공지능 시대를 살아가기 위한 키워드는 '인간지능'이고, 인간들끼리의 '연결'이다. 함께 갈 수 있는 능력이 슈퍼파워다.

호모 루덴스가 돼라!
노는 것도 스킬이다

놀이는 인간의 본능이다. 배고프면 먹고, 졸리면 잠을 자듯, 놀이에 대한 욕구도 채워져야 한다. 『멀리 보는 부모의 용기』 저자 쉬미 강 정신의학과 박사는 20년 가까이 ADHD 증상을 가진 아이들을 상담하면서 이런 결론에 도달했다.

"가정과 학교에서 놀이 시간을 빼앗긴 아이들이 종종 '행동 장애' 또는 '반항 장애'라는 판정을 받는 경우가 증가하고 있다. 그런 아이들을 격리하고 행동을 제한하는 것은 문제를 더욱 악화시킬 뿐이다. 놀이 본능을 억압하면 신체뿐 아니라 정신적 문제가 발생한다. 정신적으로 불균형한 상태가 지속되면 사춘기가 되었을 때 우울증, 불안, 약물 남용, 자해를 포함한 다양한 형태의 부적응 행동이 나타날 수 있다.”

놀이활동가 편해문 씨는 “놀이밥을 충분히 먹은 아이는 두세 시간씩 스마트폰에 빠져 지내지 않는다. 학교 폭력, 왕따, 이런 것들은 아이들이 교실, 집에 갇혀 있기 때문이다. 닭장 속 닭처럼 아이들이 스트레스를 풀 공간이 없다. 그만큼 게임과 같은 디지털 중독에도 취약해질 수밖에 없다. 아이들을 풀어줘야 한다.”라며 ‘아이들에게 놀이는 밥’이라고 목소리를 높인다.

놀이를 통해 아이들은 부정적인 감정을 털어낸다. 아이들은 스스로 깨닫지 못하고 쌓여 있었던 내면의 불안이나 분노, 갈등을 해소한다. 아동심리 상담가들이 놀이 치료를 하는 이유다. 아이들은 놀면서 자신의 감정을 표현한다. 놀이는 스트레스를 견디는 힘을 기르는 시간이다.

인간만의 매력,
AI는 따라올 수 없다

AI는 계산과 데이터 분석에서는 탁월하다. 하지만 창의력, 사회성, 그리고 깊은 유대감을 만들어내는 건 AI가 흉내 낼 수 없는 영역이다. 놀이는 바로 이런 인간적인 능력을 키우는 최고의 도구다.

놀이 중에는 예측할 수 없는 상황이 계속해서 발생한다. 친구가 블록을 와르르 무너뜨릴 수도 있고, 게임 중 반칙을 할 수도 있다. **이런 예측 불가능한 상황 속에서 아이들은 문제를 해결하는 법, 협동하거나 때로는 경쟁하는 법을 자연스럽게 배운다. 이런 '살아 있는 경험'이 AI가 대체할 수 없는 인간만의 능력을 길러 준다. 놀이 속에서 아이들은 창의성, 소통, 협동, 리더십, 자존감, 끈기, 인내 등 살아가는 데 필수적인 기술을 자연스럽게 익히게 되는 것이다.**

우리보다 먼저 놀이의 중요성을 깨달은 영국, 독일, 핀란드 등 많은 선진국이 국가 차원에서 아이들의 놀이를 지원해 온 이유는 명확하다. 놀이가 바로 아이들의 행복을 좌우하고, 나아가 국가의 미래를 결정하는 중요한 열쇠이기 때문이다. 데이터를 넘어, 답이 없는 문제를 마주했을 때 자신만의 방식으로 답을 찾아내는 힘도 놀이를 통해 길러진다.

잘 노는 것이
중요한 이유

놀이는 삶의 축소판이다. 우리가 어릴 적 많이 했던 땅따먹기 놀이를 떠올려보자. 땅을 따먹기도 하고, 뺏기기도 한다. 금을 밟으면 죽기도 했다가 다음 판에 살아나면서 좌절과 성공, 실패와 극복, 경쟁과 협동을 배운다. 약자를 위한 배려도 배운다. '고무줄놀이'에는 '깍두기'가 있다. 대개 고무줄을 잘 못하는 아이가 '깍두기'다. 깍두기는 양편 모두 고무줄을 하면서 실력을 키운다. 고무줄은 무릎에서 시작해 성공하면 허벅지, 허리, 배, 어깨, 머리, 그 위로 올라간다.

놀이엔 고비마다 그 한계를 넘어 다른 세계를 넘는 지점들이 있다. 안 되면 될 때까지 연습하면서 끈기와 인내심, 자신감, 긍정의 힘도 얻는다. 시간 가는 줄 모르는 몰입을 경험하게도 한다. 책으로는 배우기 힘든 살아 있는 경험이다. 그렇게 삶의 자잘한 근육이 키워진다.

국립놀이연구소를 설립한 정신과 전문의 스튜어트 브라운^{Stuart} ^{Brown} 박사는 26명의 남성 살인자를 연구했다. 그 결과, 이들의 공통점을 발견했는데, 어린 시절 놀이를 경험하지 못했다는 점이다. 그에 따르면, 어린 시절 충분히 놀지 못한 사람은 사회성, 자존감, 그리고 질서 의식 등을 제대로 형성하지 못했다. 브라운 박사는 실제 이를 뒷받침하는 실험 연구를 TED 강연에서 소개했다.

그는 뇌 신경 구조와 대뇌 피질 구조가 인간과 가장 유사한 어린 쥐들을 두 그룹으로 나눴다. 한 그룹은 놀이를 제한하고, 다른 그룹은 자유롭게 놀도록 했다. 쥐들이 성장한 뒤 고양이 냄새가 나는 물건을 가까이 두자, 두 그룹 모두 안전한 구멍으로 도망갔다. 그러나 놀랍게도 놀아본 쥐들은 곧장 밖으로 나와 주변을 탐색했다. 반면 놀지 못한 쥐들은 끝까지 나오지 않았다.

놀이는 대뇌 전두엽의 발달에 직접적인 영향을 미친다. 전두엽은 인간의 발달 단계에서 가장 늦게까지 형성되는 영역으로, 서로 무관해 보이는 정보들 사이에서 연관성을 찾아내고, 목표를 설정하며, 추상적 개념을 이해하는 능력을 담당한다. 또한 의사결정, 감정과 생각의 확인 및 정리, 욕망의 자제, 계획 수립 등 고차원적인 사고력을 관장하는 중요한 역할을 한다.

아이들은 놀이를 통해 몸을 움직이며 동시에 생각한다. 이 과정에서 뇌세포 생성을 촉진하는 '뇌신경 재생인자 단백질'이 분비되며, 이를 통해 뉴런 간의 새로운 연결이 형성된다.

소뇌의 크기 역시 놀이 시간에 비례했다. 소뇌는 가장 많은 뉴런이 모여 있는 부위로, 뇌의 다른 부분이나 척수로부터 정보를 받아서 운동 기능과 평형감각을 조절할 뿐 아니라 감정, 주의력, 언어 습득과 같은 중요한 인지 기능에 영향을 미친다.

놀이 부족은 수면 부족만큼이나 뇌 건강에 치명적이다. 특히 뇌가 빠르게 발달하는 시기의 아이들에게 더 심각한 영향을 미친다. **놀아야 할 시기의 아이들에게는 한글, 숫자를 가르치는 건 아이가**

평생 지니고 살아갈 뇌의 발달과 맞바꾸는 일이다.

일찍이 영국, 독일, 핀란드 등 선진국들은 놀이의 중요성을 깨닫고 아이들의 놀이를 국가적으로 지원해 왔다. 이유는 명확하다. 국가의 미래는 물론 아이들의 행복이 걸린 문제이기 때문이다.

단순 지식을 암기해서는 시시각각 새로운 세상에서 발생하는 문제를 해결할 수 없다. 답이 없는 문제에서 자기만의 방식으로 답을 찾아가는 힘이 요구된다. **놀이는 미래를 헤쳐나갈 역량을 기르는 최고의 도구다. 창의성, 소통, 협동, 리더십, 자존감, 끈기, 인내 등 살아가는 기술이 다 녹아들어 있다.**

잘 노는 아이로 키우는 법

아이에게 가장 좋은 놀이는 스스로 만들어가는 놀이다. 유대인 부모는 아이에게 장난감을 사 주지 않는다. 고장 난 가전제품, 재활용품, 주방 도구 등 눈앞에 보이는 모든 게 장난감 재료가 된다. 어릴 때 장난감 없이 자란 아이는 가위와 풀, 종이만 갖고도 종일 놀 수 있다. 자신만의 상상력으로 박스, 막대기, 실, 돌멩이 그 무엇이든 세상에 하나밖에 없는 장난감을 만든다. 빼곡한 설명서가 첨부된 장난감은 아이의 창의력에 도움이 되지 않는다. 실제로 미국의

한 연구팀이 아이들을 대상으로 실험을 진행했다. 아홉 가지 기능을 가진 장난감을 주고, 한 그룹에는 그중 네 가지 기능을 알려줬으며, 다른 그룹에는 기능에 대해 알려주지 않았다. 그 결과, 장난감 기능을 알려 주지 않은 쪽 아이들이 훨씬 더 다양한 방식으로 장난감을 가지고 논 것으로 나타났다.

아이가 잘 놀기 위한 두 번째 준비물은 '심심한 시간'이다. 아이들에게는 '멍' 때리는 시간이 필요하다. 그래야 뭘 하고 놀아 볼까, 탐색하고, 머리를 굴리고, 새로운 걸 생각해 낸다. 놀이는 비단 아이들에게만 필요한 것이 아니다. 입시가 본격화되는 중고등학교 시기에도 놀이는 필요하다. 이들을 위해 어른들이 놀이 공간을 만들어 줄 필요는 없다. 그저 옆집 아이와 내 아이의 비교를 멈추고, 불안을 내려놓으면 충분하다.

지금도 기억이 또렷하다. 헌 자전거 한 대를 타고 동네 곳곳을 누볐던 그때 얼굴에 닿았던 바람은 시원했다. 날이 저물도록 놀았던 그 시절은 지금껏 삶을 지탱하는 기초 근육으로 남아 있다.

다들 학원 가기 바빠서 놀이터에서 노는 아이가 없다면? 내 아이가 친구를 기다리는 첫 아이가 되면 좋겠다.

놀이는 그 자체가 목적이 돼야 한다. '놀이를 가장한 교육'이 되지 않아야 한다는 말이다. 뭘 가르치려 하지 말고 아이의 눈높이에서 같이 놀아보자. 목표 지향적이고 생산 지향적인 부모 밑에서 자란 아이는 노는 법을 배우지 못할 수 있다. 일 중독자가 일하지 않는 시간에 죄의식을 느끼는 것처럼 말이다.

아이가 항상 무언가에 쫓기며 살아가길 바라는 부모는 없을 것이다. 일과 삶의 경계가 무너지면 삶이 망가지게 마련이다. 심리적 압박에 신경과민, 우울증, 불안을 안고 살며 가족관계, 건강도 나빠지는 경우가 많다. 미국의 세계적인 경제학자이자 문명비평가 제레미 리프킨이 예견했던 '노동의 종말' 시대를 살아가기 위해서라도 놀이는 필수다.

놀이는 특히 '아빠 효과'를 톡톡히 볼 수 있는 영역이다. 아빠의 놀이는 엄마의 놀이와 사뭇 다르다. 뛰고 뒹굴고 구르고 던지고 시끄럽다. 남편이 퇴근하면 아들과 자주 하는 놀이가 있다. '칼과 방패 놀이'다. 무늬만 '칼과 방패 놀이'일 뿐, 칼과 방패를 버리고 몸싸움으로 가기 일쑤다. 남편은 아이를 놀리고, 때론 아슬아슬하게 져주기도 하면서 아이와의 시간을 즐긴다. 『아빠 노릇의 과학』을 쓴 과학 저널리스트 폴 레이번은 '아버지와 함께할 때 얻는 가장 장기적인 성과는 사회성 발달'이라고 말한다. 아빠들의 '거친 몸싸움 놀이'가 아이들의 사회성을 기르는 데 지대한 영향을 끼친다는 것이다. 실제로 한 연구진이 유치원에서 가장 인기 있는 아이를 조사해 보니, 그 아이는 평소 아빠와 과격한 신체 놀이를 자주 한 것으로 나타났다.

직장 일이 바빠 함께 할 시간을 내기 힘들다면 통화로 원격 놀이를 해 보자. "뭐하니?", "숙제는 다 했니?", "학원 갔니?"라는 질문은 아이에게 잔소리다.

"오늘은 어떤 재밌는 일이 있었어?", "제일 좋았던 친구는 누구였어?", "오늘 제일 하고 싶은 건 뭐야?"

질문 하나 바꿨을 뿐인데, 아이는 통화를 하면서 자기가 즐거운 일, 좋아하는 친구, 행복한 계획 등을 떠올린다. 아이와의 물리적 거리를 심리적으로 좁히는 놀이다.

아이와의 원격 놀이를 성스러운 '리추얼ritual'로 만들어보자. 서로의 목소리에 귀를 기울이면서 상대의 마음속에 들어갔다 나오는 의식을 매일같이 해 보자. 아이가 부모의 전화를 반갑게 받아주는(?) 시간은 길지 않다. 하루에 5분, 10분 주고받은 대화 놀이는 힘이 세다.

삶에는 결과만 있는 게 아니다. 기쁨과 슬픔, 영광과 상처, 성공과 실패, 그 사이에 알알이 과정이 있다. 모든 사람이 물질적 풍요를 누릴 수는 없겠지만, 저마다의 행복한 삶을 찾을 수는 있을 것이다. 그래서 놀이가 필요하다.

김용택 시인이 강조하는 말이 있다. "놀아야 잘 산다." 지금 당장은 책상 앞에서 공부하는 아이가 앞서가는 것처럼 보인다. 그러나 길게 보면 행복은 돈, 큰 집, 좋은 차, 사회적 지위, 이런 것들에 있지 않음을, 우리는 이미 알고 있다. 사회가 정한 틀 안에서 맞춰 산다는 건 꽤 고단한 일이다. 자족하지 못하면 늘 위를 보며 무언가를 쫓으며 살아야 한다. 행복이란 파랑새를 늘 쫓아만 다닌다.

놀이는 세상에서 가장 손쉽게 나를 만족시키는 확실한 방법이다. 어른이 되어서도 놀이를 등한시하면 안 되는 이유다.

놀이를 통해 삶의 재미를 찾고, 인생의 과정을 채우는 법을 배워야 한다. 삶을 놀이란 모자이크로 채워가자. 쓰레기 분리수거, 빨래 널기도 아이와 함께 놀이처럼 해 보면 어떨까. 청소와 빨래도 함께 놀이하듯 하면 즐겁다. 아파트에서 층간소음 때문에 뛸 수 없다면 아이의 손을 잡고 동네 한 바퀴를 돌아보자. 좋지 아니한가.

행복은 엄청난 한 방에 있지 않다. 순간, 그 찰나의 자지러지는 웃음이 쌓여 행복한 인생을 만든다. 어린 시절 자유롭게 뛰논 기억은 아이가 평생 가지고 갈 보물이다. 하루 5분, 10분 놀이가 아이를 꽃 피운다. 당장 오늘부터 함께 놀아보자.

'문제'를 마주하는
새로운 시각을 길러라

'세상에서 가장 비밀스러운 사립학교'라고 불리는 곳이 있다. 과거엔 홈페이지도, 전화번호도 없어서 견학은 물론 입학 상담 자체가 불가능했다. 지금도 외부인의 접근은 철저히 제한되어 있고, 학교에 대한 정보도 거의 공개되지 않는다.

이 학교는 원래 캘리포니아 호손에 있는 SpaceX 본사 내에 있었지만, 2020년 팬데믹 기간 중 문을 닫고 온라인 학교로 전환했다. 이름은 '애드 아스트라Ad Astra'. 스페이스X와 테슬라의 CEO이자 실리콘밸리의 괴짜과학자, 일론 머스크가 2014년에 세운 이 학교는 텍사스주 베스트롭으로 자리를 옮겨 당국으로부터 허가를 받았다. 학교 홈페이지에는 '차세대 문제 해결자와 설계자들에게 호기심·

창의성·비판적 사고력을 기르도록 하는 것'을 사명으로 내세우며 '아이들이 현실 세계의 문제를 탐구·실험하면서 해결책을 발견하도록 장려하는 프로젝트 기반 학습에 중점을 둔다'고 밝히고 있다.

싱귤래리티대학교 공동설립자이자 민간 달 탐사 프로젝트로 유명한 엑스프라이즈 재단 피터 디아만디스 회장이 방문하면서 일부 모습이 공개됐던 애드 아스트라는 기존의 교육방식을 완전히 허물어버린 혁신적인 학교다. 학년이 없고, 학생들이 정한 주제를 팀 프로젝트 방식으로 공부한다. 숙제도 거의 없고 성적도 매기지 않는다. 교과 과정도 매년 바뀌며, 그중 절반은 학생들 스스로 결정한다. 우주 탐사, 환경정책 등 특정 주제를 정해 집중적으로 연구하는 방식이다. 이곳의 교육철학은 '문제를 발견하고, 해결하면서 배운다'는 것. 바로 문제해결 중심의 학습법이다.

이곳에서는 특히 공학, 수학, 윤리 교육에 집중한다. 컴퓨터가 실시간으로 번역할 날이 올 것으로 생각하기 때문에, 언어 교육은 별도로 진행하지 않는다. 대신 컴퓨터 프로그램을 만드는 데 쓰이는 다양한 '코딩 언어'를 배우며, 이를 바탕으로 스스로 웹사이트를 만들기도 한다. 또한 인공지능과 로봇에 관한 교육도 제공되어, 학생들이 미래 기술에 대한 이해를 높일 수 있다.

낸시 허트조그 워싱턴대학 교육심리학 교수는 "의문에 바탕을 둔 교과과정은 학생들에게 흥미를 추구하고, 맥락을 파악하고, 문제를 해결하기 위한 기초적인 기술을 습득할 기회를 준다."라고 평가했다.

문제해결 중심의 학습법: 왜 배우는지를 알게 하라

일론 머스크는 베이징 TV와의 한 인터뷰에서 문제해결 방법을 가르쳐야 한다며 이렇게 말했다.

> "문제해결 방법을 가르치는 것, 그리고 도구가 아니라 문제에 대해 가르치는 게 중요합니다. 예를 들어, 엔진 작동법을 사람들에게 가르친다고 해 봅시다. 전통적 접근법은 '드라이버와 스패너에 대한 모든 것을 가르쳐야 하지만 이건 너무 어려운 방법입니다. 훨씬 더 나은 방법은 이렇습니다. '여기 엔진이 있는데, 이제 이걸 분해해 볼까요? 아, 드라이버가 필요하네요.' 이때 두 가지 중요한 일이 일어납니다. 공구들의 관련성이 분명해지고, 학생들은 학습 목적을 깨닫게 됩니다. 자신이 뭘 배우는지 인지하는 것이죠."

그 어떤 '일타강사'에게 엔진에 대한 강의를 듣는다 한들, 엔진을 직접 분해해 보며 익히는 것과 비교할 수 있을까. '애드 아스트라' 학생들은 직접 문제를 발견하고, 이를 해결하는 법을 스스로 찾아 간다. 직접 만들고, 실패의 원인을 찾는다. 수정 보완을 거듭하며, 성공에 이르는 과정에서 실질적 지식을 배운다. 교사는 이 과정에 서 학생들의 '코치' 역할을 자처한다. 아이들이 마주하는 어려움이 무엇인지 듣고, 해결의 실마리를 함께 찾아 나간다.

학교는 학생들의 그 어떤 도전도 기꺼이 환영하며, '치어리더'가 된다. 가령 로봇 대회에서 "화염 방사기나 전자기 펄스 기술을 사용 해도 되나요?"라고 물어보는 학생들에게 학교는 이렇게 응답한다. "학교가 부서지기 전까지는 모든 게 가능하다." 먼저 문제를 경험하 게 하라는 의미다. 직접 엔진을 분해하면서 필요한 도구를 찾는 것 처럼, 문제를 해결하는 과정에서 자연스럽게 지식을 배우게 된다. 이 과정에서 학습이 더 깊어진다.

기술 발달이 가져올
교육의 미래

이미 세계 유수의 사립학교들은 미래를 대비한 교육방식으로 빠 르게 탈바꿈하고 있다. 우리 공교육이 이와 같은 변화에 기민하게 반응하지 않으면, 교육 불평등으로 인한 양극화는 지금과 비교할 수 없을 정도로 커질 수밖에 없다. 주입식 교육으로는 엄청난 양의 빅데이터로 24시간 학습하는 인공지능을 결코 이길 수 없다. 실제 문제를 해결해가는 데서 알아가는 지식이 진짜 '알뜰하고 쓸모 있는 지식'이다. 머스크는 이를 일찌감치 간파한 것이다. 아인슈타인의 말처럼 '교육은 학교에서 배웠던 것을 다 잊어버린 후에도 남는 것'이다.

인공지능이나 사물인터넷과 같은 기술 발달은 교육에 커다란 변화를 가져올 것이다. 영국의 수학자이자 기업가인 콘래드 울프램은 수학교육의 성격이 이전과 달라져야 한다고 주장하는 대표적 인물이다. 그는 수학적 문제해결을 4단계로 구분한다.

1단계는 실제 삶의 세계에서 문제를 발견하고, 2단계는 문제를 수학 공식으로 전환하는 것이며, 3단계는 계산, 4단계는 결과 해석이다. 콘래드는 수학적 문제해결 능력을 '문제를 발견하고 이를 수학 공식으로 전환해 결과를 해석하는 역량을 기르는 것'으로 정의한다. 계산은 컴퓨터나 계산기를 활용하면 된다는 주장이다.

아직도 계산 능력이 수학적 문제해결 능력이라 생각하는 사람이 많다. 콘래드의 주장은 AI가 교육에 가져올 변화를 함축적으로 보여준다. 앞으로 학생들은 교실 안에서 지식을 습득하는 것보다 학교 안과 밖의 경계를 넘나들며 문제를 발견해 낼 것이다. 학생이 관심 있는 삶의 현장에서 스스로 문제를 발견하고 해결하는 학습활동이 주가 될 것이다. 학교의 영역은 네모반듯한 교실을 넘어 지역 공동체, 기업, 국가, 나아가 세계 공동체로 확장될 것이다.

실생활 문제와 연결된 학습: 아이의 도전을 응원하라

문제해결 능력을 키우려면 실생활에서 만나는 문제들을 직접 해결해 보게 하는 것이 가장 좋다. 박혜란 여성학자는 '아이는 믿는 만큼 자란다'고 말했다. 아이가 스스로 문제를 해결할 기회를 갖는 것이 중요하다. 창의력 전문가들은 지식도 이와 같은 방식으로 쌓아야 한다고 강조한다. 신종호 서울대 교육학과 교수는 『창의 혁명』에서 이렇게 말한다.

> "학습과 현실에서 마주하는 실제 상황이 분리된다면 '살아 있는 학습'이 아니라 '죽은' 학습이다."

아이들이 세상을 살아가면서 만나는 모든 문제는 배움의 기회가 될 수 있다. 집에서 소소한 프로젝트를 함께 해 보는 것도 좋다. 사용하지 않는 주방 도구들로 로봇을 만든다거나, 아이의 '최애' 음식을 직접 요리해 보는 등의 활동을 해 보자. 그 과정에서 아이는 창의적인 문제해결 능력을 키울 수 있다. 책상머리에서 배우는 지식과는 다른 실질적인 배움이다. **작은 것에서부터 문제해결 능력을 키우게 되면 아이는 '일단 해 보면 된다'는 자신감과 '해 보니까 된다'는 자기효능감을 쌓아나갈 수 있다.** 또 아이가 친구와 갈등이 생겼을 때 부모가 나서서 해결해 주기보다는, 아이가 스스로 해결책을 찾아보도록 도와주는 것이 좋다. 친구와 대화하면서 문제의 원인을 파악하고 갈등을 풀어가는 과정에서 아이는 중요한 문제해결 능력을 배운다. 실수하고 이를 수정해 나가며 성장하는 것이기 때문이다.

아이가 문제를 발견하고 물음표를 던질 때마다 부모는 아이의 절대적인 지지자가 되어야 한다. 아이가 문제를 해결해 나가는 과정에서 실수를 기꺼이 받아들이고, 이를 통해 배워 나가며 성취할 수 있도록 지지해 주는 것이다. "왜 그렇게 됐을까? 네가 찾아서 설명해 줄래?" 이런 식으로 생활 속에서, 사회 속에서 문제를 스스로 풀어내고 해결했을 때 아이는 자신감을 얻고 성장한다.

AI와 함께 배우는 문제해결 능력: 답을 넘어 생각하기

특히 AI는 아이들의 문제해결 능력을 키우는데 요긴한 도구로 쓰일 수 있다. 단 아이들이 AI의 답에만 의존하지 않도록 주의해야 한다. 그럴 듯하게 보이는 '가짜 정보'가 많기 때문이다. AI가 빠르게 알려 주는 지식에 익숙해지다 보면 깊이 생각할 수 있는 사고과정이 결여되기 쉽다. 따라서 문제해결을 위해 AI를 활용할 때는 결과를 무조건 받아들이지 않고 검토하고, 다른 해결책을 찾아보는 연습이 필요하다. 예를 들어, 아이가 AI를 통해 환경 문제를 조사했다면, 그 정보를 그대로 받아들이지 않고 "이 방법이 왜 좋을까? 다른 해결책도 있을까?" 같은 질문을 던지도록 해야 한다. 이때 부모나 교사가 아이와 함께 질문하고 깊이 있는 대화를 나누는 것이 중요하다.

AI 시대의 부모는 단순히 지식을 가르치는 사람이 아니라, 아이가 스스로 문제를 해결하고 창의적으로 생각할 수 있도록 돕는 '코치'이자 '지지자'가 되어야 한다. 아이가 질문을 던질 때마다 그 질문을 진지하게 받아들이고, 함께 해결책을 찾아가는 과정을 즐겨야 한다. AI가 빠르게 답을 찾아줄지라도, 부모와의 대화를 통해 아이는 왜 그런 답이 나왔는지, 그 답이 진정으로 맞는지 스스로 고민해 보게 된다.

문제를 해결하는 방법은 여러 가지다. 심지어 정답이 똑 떨어지는 수학 문제조차 정답에 이르는 방법이 다양하다. 아이와 함께 다양한 방법에 관해 이야기를 나눠 보자. 더불어 문제를 스스로 풀어가는 데는 충분한 시간과 인내심이 필요하다는 사실을 꼭 알려 줘야 한다. 자전거를 배울 때 수십 번, 수백 번 넘어지듯 문제를 해결해 내는 과정도 어려움을 이겨내야 한다고 말해 주자. 문제를 해결하는 것만큼이나 과정도 소중하다고, 포기하지 않으면 결국 해낼 수 있다고 격려하고 지지해 주자. 문제를 극복할 때마다 새로운 것을 배우게 되고, 지혜로운 사람이 된다는 사실도 상기시켜 주면 좋겠다. 아이들이 커서 미래 먹거리, 사회 갈등, 빈부격차, 환경과 같은 문제에 깊이 참여하고 변화를 이끄는 날을 기대해 본다.

"우리는 배워야 할 것을 직접 해 보면서 배운다."

–토머스 제퍼슨

★ 미래 인재를 위한 TIP

부모를 위한 체크리스트: 오늘부터 실천해 보세요!

- **아이의 질문을 존중하고 함께 답을 찾아보세요:** 아이가 던지는 모든 질문을 진지하게 받아들이고, 함께 답을 찾아가는 과정을 즐기세요.

- **실생활에서 문제해결을 경험하게 해주세요:** 집안의 작은 문제나 프로젝트를 통해 아이가 스스로 해결책을 찾도록 도와주세요.

- **AI 도구를 활용하되, 비판적인 사고를 키우세요:** AI가 제공하는 정보를 그대로 수용하지 않도록 지도하고, 그 정보에 대해 아이와 토론해 보세요.

- **실패를 격려하고 도전을 즐기게 하세요:** 아이가 시도하고 실패했을 때, 그 과정을 칭찬하며 더 나아갈 수 있도록 지지해 주세요.

질문하는 아이가
미래를 바꾼다

"질문이 정답보다 중요하다. 곧 죽을 상황에서 단 한 시간의 시간이 주어진다면, 나는 55분을 질문을 찾는 데 할애할 것이다. 올바른 질문은 답을 찾는 데 5분도 채 걸리지 않게 한다."

-아인슈타인

"우리는 왜 이 제품을 만드는가?" 스티브 잡스의 이 질문에서 아이폰이 탄생했고 세상이 바뀌었다. 질문의 힘이다.

"아빠, 왜 사진을 보려면 기다려야만 해요?" 즉석카메라 폴라로이드 창업주인 에드윈 랜드는 세 살 딸아이의 질문에서 영감을 얻었다. 세상 모든 혁신이 이렇게 탄생했다. 기존의 방식에 '왜?'란 물음표를 던지는 일. 질문은 혁신의 씨앗이다. '왜 사과는 아래로 떨어지는 걸까?' 질문하자 사과는 뉴턴에게로 와 만유인력의 법칙이 되었다.

좋은 질문은 기존 통념이나 관습, 누구나 당연하다 생각하는 것에 의문을 제기한다. '태양이 움직이고 있을까? 지구가 움직이고 있을까?'(코페르니쿠스) '높은 곳에서 물건을 떨어뜨리면 무거운 것과 가벼운 것 중 무엇이 먼저 떨어질까?'(갈릴레오) 세상을 바꾼 건 답이 아닌 '질문'이다.

역사상 가장 빠른 성공 기록을 세운 구글의 시작도 질문이었다. 하루는 창업자 래리 페이지가 스탠퍼드대학 기숙사에서 잠을 자다 꿈 탓인지 중간에 깼다. 순간 질문 하나가 그의 머릿속을 스쳤다. '만약 내가 모든 인터넷 웹을 다운로드하고, 모두 링크할 수 있게 만들면 어떤 일이 벌어질까?' 페이지는 벌떡 일어나 답을 써 내려갔다. '질문의 민족' 유대인답게 그는 끊임없이 질문했다.

'내가 경영자가 아닌 소비자라면?' 여기에 대한 답으로 구글은 사용자가 최대한 빨리 정보를 찾는 데 집중했다. 사용자가 구글에 머무는 시간이 짧을수록 광고 수익이 줄어드는 데도 말이다. 소비자 입장에서 만든 검색엔진은 결국 온라인 광고시장을 독식하게 됐다. 좋은 질문이 좋은 답을 낸다.

AI 시대,
'질문'은 능력이다

챗GPT와 같은 생성형 AI가 주목받는 오늘날, 질문은 새로운 방식으로 우리 삶의 중심에 자리 잡고 있다. AI는 스스로 무엇을 탐구하거나 창조할 수 없다. 인간이 던진 질문이 있어야만 AI는 답을 만들 수 있다. 질문은 AI 시대의 창의력과 혁신을 가능하게 하는 출발점이다.

얼마 전까지 구글 검색에서 적합한 키워드를 찾는 것이 중요했다면, 이제는 원하는 결과를 얻기 위해 적절하고 정교한 질문을 던지는 능력이 요구된다. 챗GPT 시대에는 질문을 잘하는 것이 곧 경쟁력이다. 생성형AI가 우리의 일상, 학습, 업무 모든 영역에 영향을 미치는 가운데, 질문은 단순히 정보를 얻는 도구를 넘어 창의적 문제 해결의 원천이 되고 있다. **AI가 아무리 발전한다해도, 인간이 "왜?"라는 질문을 던지지 않으면 AI는 침묵할 수밖에 없다. 명확한 질문을 던지고, 추가 정보를 요청하고, 답을 비판적으로 받아들일 수 있어야 한다.**

좋은 질문을 던질 수 있는 힘을 가진 사람은 다양한 산업 영역에서 새로운 가능성을 열 것이다. AI는 정치, 경제, 물리, 화학 등 인간이 평생 학습할 수 없는 방대한 지식을 습득할 수 있다. 이러한 AI를 활용하려면, 결국 질문하는 능력이 핵심 역량으로 꼽힌다. 이는 직업의 영역에서도 결정적 역할을 할 것이다.

질문은 또한 배움의 씨앗이다. 질문이 없으면 배울 수 없다. 질문이 없는 건 호기심이 없어서다. 경영컨설턴트이자 『고수의 질문법』 저자인 한근태는 호기심이 없는 이유를 이렇게 설명한다.

> "공부하지 않기 때문이다. 아무것도 모르면 질문할 수 없다. 질문은 어느 정도 지식이 있어야 가능하다. 내가 아는 것과 더 알고 싶은 것 사이의 간극을 줄이기 위해 나오는 것이 질문이다."

질문하지 않는 아이들

누구나 '왜?'란 녀석과 친하던 시절이 있었다. 연구 결과, 5세 때 질문을 가장 많이 하는 것으로 나타났다. 2~5세 사이에 4~5만 개의 질문을 한다. 그러다 학교에 가면서 말문이 막힌다. 점점 생각이 닫히고 찾는 건 오직 정답뿐이다. 우리나라 10대 모습은 비슷비슷하다. 공부하고, 자고, 공부한다. 대학에 가고, 공무원 시험이나 대기업 입사에 목숨을 건다. 남이 정한 답대로 산다. 스스로 질문하지 않는다.

'내가 진짜로 원하는 것은 무엇인가, 어떻게 살 것인가, 어떻게 살고 싶은가, 지금 나는 어디로 가고 있는가.'

머리와 가슴이 답으로 꽉 차 있으면 자기만의 질문이 없다. 우리는 질문 없이 성장해 왔다. 그 결과 역사상 가장 짧은 시간 안에 '한강의 기적'을 이루는 성과를 거뒀다. 앞선 국가들을 따라잡는 데 질문 따윈 사치였을지도 모른다. 빨리, 많이 배워서 성실히 실행하는 사람을 최고로 쳤다. 그때 우리에겐 주입식 교육과 단답형 시험이 최선이었다. 세상에는 지식을 생산하는 사람과 수입하는 사람이 있다면, 우리는 그동안 받아들이는 데 익숙했다. 좋게 말해, 쫓아가는 삶을 너무 잘 살아왔다.

이젠 없는 길을 만들어야 한다. AI를 중심으로 한 4차 산업혁명은 지난 세 차례의 산업혁명이 그러했듯 전체 판을 뒤집을 것이다. 여기서 선진국의 반열을 굳히느냐, 후진하느냐, 그 열쇠는 결국 우리에게 있다. 미래는 저절로 오지 않는다. 미래의 문을 열 사람이 있어야 하고, 사람은 교육으로 키워진다.

폴 김 스탠포드대학원 부학장은 주입식, 단순 암기를 반복하는 교육에 대해 이런 표현을 쓴다. "범죄 같다." 학생들을 어리석게 만들기 때문이다. 길을 만드는 자는 답이 아니라 질문하는 사람이다. 이 세상 모든 위대한 것은 대답이 아닌 질문의 결과다.

유대인과 세인트존스대학의 공통점

세계 0.2%밖에 안 되는 인구로 세계를 장악한 유대인은 꼬리에 꼬리를 물고 질문한다. 상대방의 나이나 지위, 권위에 개의치 않고, 기존 이론이나 학설, 그 어떤 것도 당연하게 여기지 않는다. 끊임없이 의문을 제기하고 질문한다. 이 과정에서 생각하는 힘이 길러진다. 유대인 부모는 학교에서 돌아온 아이에게 "선생님 말씀 잘 들었니?"라고 묻지 않는다. 대신 "오늘은 어떤 질문을 했니?"라고 묻는다. 또 세상에 정해진 답은 없다면서 늘 '잘하기'보다 '다르게' 하기를 강조한다. 이러한 교육 방식은 유대인이 매년 30%에 가까운 노벨상을 차지하고, 정치, 경제, 사회, 문화예술 등 모든 분야에서 지대한 영향력을 행사하는 배경이 된다.

미국 명문대학교 세인트존스에선 4년 내내 책을 읽고 질문과 토론을 통해 수업이 진행된다. 우리나라 대학 신입생들이 수강 신청에 열을 올릴 때 이곳의 학생들은 먼저 방대한 필독서 목록과 마주한다.

"질문하라, 그리고 그 과정에서 스스로 배움을 얻어라!"

학교는 학생들에게 세상에 끊임없이 질문하고 답을 찾아가는 능력을 기르라고 요구한다. 수학 공식을 암기하는 데 그쳤다면, 이곳에서는 낙제나 다름없다.

"유클리드의 정의 3번, '선의 양 끝은 점이다.' 이에 동의하는가?"

유클리드의 『기하학원론』을 읽고 첫 수업에서 듣게 될 질문이다. 저마다 스스로 답을 찾고 질문하고 토론한다. 그렇게 성장한다.

아이의 질문력을 키우려면 어떻게 해야 할까?

1. 아이의 말에 귀 기울인다

아이에겐 질문하는 힘이 필요하다. 아이의 말을 경청하는 것부터 시작해 보자. 아이가 어떤 엉뚱한 질문을 해도 진지하게 들어줘야 한다. 어떤 질문도 '쓸모없다'라고 느끼지 않아야 질문에 장벽이 생기지 않는다. 질문이 확실하지 않을 땐 반드시 "~라는 의미야?"라고 되묻는다. 경청은 말처럼 쉽지 않다. 심신이 지쳐 있거나 바쁠 때 아이가 말도 안 되는 질문을 계속하면 짜증이 올라온다. 그래도

가능하면 하던 일을 멈추고 아이와 눈을 맞추자. 말 못지않게 중요한 것이 몸짓, 행동, 눈빛과 같은 비언어적 요소다. 아이에게 이유를 설명하고 양해를 구하는 것도 방법이다.

"엄마(아빠)가 이것만 빨리 마치고 얘기하면 어떨까?"

2. "왜 그럴까?" 되묻는다

아이가 질문할 땐 바로 답하지 말고 "왜 그럴까?"라고 되묻는 게 좋다. 아이 스스로 생각할 시간이 필요하기 때문이다. 아이가 답하면 다시 묻자.

"왜 그렇게 생각해?" 책을 읽으면서 "왜 그랬을까?", "만약 ~라면?", "너라면 어땠을까?"

꼬리에 꼬리를 무는 이런 질문들이 바로 질문력을 키우는 힘이 된다.

3. 궁금증, 호기심을 키우는 데서 질문이 생겨난다

매일 매 순간 일상을 경이롭게 관찰해 보자. 궁금증, 호기심, 관찰력을 유지하는 데서 질문이 나온다. 레오나르도 다빈치의 전기를 쓴 작가 월터 아이작슨은 이렇게 말했다.

"레오나르도 다빈치도 수학이나 과학 이론에서 초인간적 정신의 천재는 아니었다. 단지 그는 매우 호기심이 강했고, 관찰력이 있었다. 이러한 특성은 우리 또한 열망하고 닮아갈 수 있는 것들이다."

4. 질문 근육 키우기

떡도 먹어 봐야 잘 먹는다고, 질문도 마찬가지다. 자꾸 질문을 던져야 더 나아지고 성장한다. 질문하려면 모르는 걸 창피해하지 않을 용기가 필요하다. '아, 다른 사람들이 이것도 모른다고 비웃진 않을까?' 실은 모르면서 묻지 않는 걸 창피하게 여겨야 한다. 나는 아이에게 모르는 건 부끄러운 게 아니란 이야기를 자주 해준다.

"모르는 게 창피한 게 아니라 모르는데 아는 척하고 있는 게 창피한 거야. 왜냐? 질문하면 지금 잠시 쪽팔리겠지만, 질문 안 하면 평생 모를 테니까."

자꾸 질문해야 용기도, 질문 근육도 생긴다. 마지막으로 질문을 잘하기 위해선 알아야 한다. 아는 만큼 질문할 수 있다. 아이가 많이 보고, 듣고, 읽고, 경험할 수 있도록 도와주자.

질문은 인생에서 정말 원하는 게 무엇인지 알려 준다. 질문할 수 있으면 답을 얻을 수 있다. 답을 얻을 수 있으면 진짜 원하는 삶을 살 수 있다. 좋은 인생엔 좋은 질문이 필요하다. 인생은 지극히 개인적이고 사적이다. 다른 사람과 같을 수 없다. 철저히 독립적이다.

그로부터 창의와 혁신, 창조가 일어난다.

질문력을 가진 아이는 끊임없이 스스로에게 물을 것이다.

'내가 원하는 모습은 뭔가?, 나만의 세계를 찾았나?, 지금 어디쯤인가?'

질문에 집중하고 꾸준히 행동하는 사람이 없던 길을 내고 닫힌 문을 연다. 세기의 천재, 혁신가, 예술가가 모두 그러했다.

스스로 하게 두라,
진짜 성장의 시작

AI 시대
'자기주도성'의 의미

　우리는 지금 인간의 지식과 능력의 경계를 AI와 공유하는 시대에 살고 있다. 마치 고대 신화에서 신들이 인간에게 불을 나눠준 것처럼, AI는 우리 질문에 끝없이 답한다. 클릭 몇 번과 간단한 질문만으로 무엇이든 배울 수 있는 시대다. 그러나 진정 중요한 것은 단순히 지식을 머릿속에 가득 채우는 일이 아니다. 그 지식을 나만의 것으로 소화해, 삶 속에서 어떻게 활용할 것인지에 대한 고민이다. 바로 이 지점에서 필요한 것이 '자기주도성'이다.

자기주도성,
이제는 새로운 정의가 필요하다

　AI 시대의 자기주도성은 단순히 주어진 과제를 성실히 수행하거나 스스로 공부하는 수준을 넘어서야 한다. 스스로 삶의 방향을 설정하고, 목표를 계획하며, 그 목표를 이루기 위해 필요한 지식과 기술을 주도적으로 배우고 활용하는 능력, 이것이 진짜 자기주도성이다.

　우리가 직면한 AI 시대는 과거와는 근본적으로 다르다. AI는 단순히 반복적인 업무나 지식을 전달하는 데 그치지 않고, 인간이 필요로 하는 정보와 솔루션을 빠르게 제공한다. 그러나 AI가 대체할 수 없는 인간의 가치는 바로 '자율성, 창의성, 그리고 내적 동기'다.

　AI는 지식을 전달하고 문제를 빠르게 해결하는 데는 탁월하지만, 창의적 아이디어를 무에서 유로 만들어내거나 인간 고유의 감정과 가치를 반영해 결정하는 데에는 한계가 있다. 인간이 할 수 있는 가장 중요한 일은 바로 스스로를 이끌고, 그 과정에서 배우고 성장하는 것이다. 이러한 능력은 단순히 공부를 잘하는 법을 배우는 것이 아니라, 자신의 삶을 책임지고 이끌어 나가는 경험을 통해 길러진다. 아이들에게 가르쳐야 하는 것은 단순히 시험 문제를 푸는 능력이 아니라, 문제 자체를 발견하고 해결책을 찾는 힘이다. 또한 누구도 정해 주지 않은 길을 탐색하며 자신의 삶을 개척할 용기다.

자기주도학습,
진짜 자기주도가 될 수 있을까?

우리나라에서 '자기주도학습'은 대체로 '스스로 공부하는 것'으로 받아들여진다. 예를 들어, 학원 숙제를 스스로 해내고, 인터넷 강의를 들으며, 시험 성적을 올리는 아이를 보면 흔히 "저 아이는 자기주도적이다."라고 평가한다. 하지만 엄밀히 말해, 이건 진정한 자기주도성이 아니다. 이는 시스템이 짜놓은 틀 안에서 기계적으로 움직이는 방법을 배우는 것에 불과하다. 결국, 누군가의 지시에 잘 따르는 '기계적인 성실함'만 키우는 셈이다. 이는 AI가 가장 잘할 수 있는 일을 사람이 대신하는 것과 같다.

진정한 자기주도성은 남이 정해 놓은 답을 찾는 것이 아니라, 스스로 질문을 던지고, 그 답을 탐구하며, 문제를 해결하는 과정에서 진정한 경쟁력을 얻는 것이다.

AI 시대의 자기주도성, 진짜 경쟁력은 어디에서 오는가? 스스로 질문을 던지고 답을 찾는 능력에서 시작된다. AI는 답을 줄 수 있지만, 질문을 던지는 건 인간의 몫이다. 예를 들어, 아이가 챗GPT에게 "공룡은 왜 멸종했나요?"라고 묻고 답을 얻었다고 치자. 여기서 멈추면 AI가 해준 숙제를 받아 적은 것과 다를 게 없다.

중요한 건 그다음이다. **왜 이 질문을 던졌는지, 답에서 무엇이 흥미로운지, 더 알아보고 싶은 게 무엇인지 스스로 생각하고 확장해 나가야 한다. 결국, AI는 공을 던져주는 역할을 할 뿐이고, 그 공을 가지고 어떻게 경기할지는 인간의 몫이다.**

탐구심과 주체성은 어쩌면 AI 시대에 부모와 아이 모두 반드시 챙겨야 할 '핫 아이템'이다. 아이가 자신의 흥미와 관심사를 기반으로 스스로 학습의 방향을 설정할 수 있어야, AI의 정답에 휘둘리지 않고 자신의 길을 개척할 수 있기 때문이다. 흥미 있는 주제를 스스로 찾아 배우고, 그 배움을 삶 속에서 활용하며 새로운 것을 배워나가는 것, 이게 바로 AI 시대의 생존 전략이다.

여기서 끝이 아니다. 자기주도성은 아이가 자신의 인생을 설계하고, 실패를 두려워하지 않으며, 끝없이 새로운 도전에 나설 수 있는 핵심 에너지다. 실패했다고 주저앉지 않고 다시 일어서는 힘, 새로운 가능성을 두드려보는 용기, 그리고 그 모든 과정을 통해 스스로 성장하는 경험, 이런 것들이 쌓여야만 아이가 진짜로 자기 삶의 주인공이 될 수 있다.

아이들이 실패할 자유와 도전할 기회를 주는 것! 그게 바로 미래로 가는 티켓이다.

많은 부모가 아이의 학습뿐 아니라 일상의 자잘한 선택까지도 주도하려 한다. 자녀가 실패하는 것이 두렵기 때문이다. 목표를 대신 정해 주고, 계획을 짜주고, 성과를 평가하는 데까지 관여한다. 불행히도 이것은 아이의 자기주도성을 키우는 데 있어 가장 큰 장애물이 될 수 있다.

부모의 과거 경험에 비추어 아이 미래를 계획하는 건 위험하다. 차라리 아무것도 해주지 않는 게 나을지도 모른다. 오늘부터 아이가 자신의 목표를 세우고, 그 목표를 향해 도전하는 모습을 믿어보는 것은 어떨까?

부모의 역할은 아이에게 자전거 타기를 가르치는 과정과도 같다. 처음에는 균형을 잡아주고, 아이가 넘어질 때 다시 일어설 수 있도록 도와준다. 그렇지만 결국 자전거 페달을 밟고 앞으로 나아가야 하는 주체는 아이다. 아이가 성장하기 위해서는 마음껏 실패를 경험할 수 있는 자유가 필요하다. 부모는 그 실패를 경험하고 이겨내도록 곁에서 믿어주는 것이다. 아이가 목표를 세우고, 그 목표를 이루기 위해 도전할 때, 비록 그 과정에서 실패하더라도 스스로 배울 수 있도록 하는 것이 중요하다.

자기주도성을 키우는
실질적인 방법

작은 목표부터 시작하라

아이가 처음부터 대단한 목표를 세우고 이루는 것을 기대하지 말자. '팔굽혀펴기 3번', '책 한 페이지 읽기'와 같은 작은 목표부터 시작하자. 중요한 것은 이 목표를 아이 스스로 정하도록 돕는 것이다. 주 단위로 작은 목표를 설정해 점진적으로 목표를 높이는 전략을 추천한다. 첫 주에는 '책 한 페이지 읽기'였다면, 두 번째 주에는 '책 두 페이지 읽기'로 늘리는 방식이다.

질문하고 대화하라

아이가 흥미를 느끼는 주제에 대해 질문하고 대화를 나누자. 단순히 답을 주기보다는 "왜 그게 궁금했어?", "그 답에서 무엇을 더 알고 싶어?"와 같은 질문으로 아이의 사고를 확장시켜 주자. 아이의 질문에 대해 함께 탐구하고, 더 깊은 질문으로 이어질 수 있도록 유도하는 것이 중요하다.

실패를 환영하라

실패 또한 배움의 중요한 일부다. 아이가 실패했을 때 비난하거나 조급해하지 말고, "이 과정에서 무엇을 배웠니?"라고 물어보자. 실패를 통해 얻은 교훈은 아이가 더 큰 도전을 두려워하지 않도록 돕는다. 아이와 함께 실패 경험을 일기장에 기록하고, 그 실패에서 얻은 교훈이나 느낌, 생각 등을 적어보는 시간을 갖는 것도 좋은 방법이다.

내적 동기를 키워라

외적 보상에 의존하지 말고, 아이가 스스로 성취감을 느낄 수 있도록 돕자. "네가 이걸 해냈을 때 얼마나 뿌듯할지 상상해 보자!" 같은 말을 통해 동기를 부여하자. 내적 동기는 스스로에 대한 믿음과 자존감을 키우는 데 핵심이 된다.

자기주도성을 가진 아이, 미래를 이끈다

AI가 우리의 많은 일을 대신할 수는 있지만, 절대 할 수 없는 것이 있다. 우리의 삶의 방향을 정해 줄 수도, 우리의 선택과 책임을 대신할 수도 없다. 그렇기 때문에 아이가 자신의 삶을 스스로 주체적으로 이끌어 나갈 수 있는 능력, 즉 '자기주도성'이야말로 AI 시대에서 강력한 경쟁력이 된다.

아이가 인생이란 마라톤에서 끝까지 최선을 다하기를,

스스로와의 약속을 꼭 지켜내기를,

인생이란 축제에서 열렬히 먹고, 사랑하고, 즐기기를,

인생이란 여행을 만끽하기를,

때때로 풍랑을 만났을 땐 낙관과 여유를 잃지 않기를,

인생이 꼬이고 꼬여 풀리지 않는 실타래 같을 때

그 순간 할 수 있는 아주 작은 일부터 시작할 수 있기를,

이 세상 모든 부모의 기도일 것이다. 아무도 대신 살아 줄 수 없는 아이의 인생에서, 스스로 선택하고 그 선택에 책임질 수 있음을 깨닫게 해 주는 것. 그 이후의 길은 오롯이 아이 스스로 걸어가야 할 몫이다.

4장

미래형 인재,
마음 근육에서 시작된다

변화를 읽지 못하는 부모는 아이의 성장을 가로막는 장벽이 될 수 있다.
부모가 던져야 할 가장 중요한 질문은 바로 이것이다.
"어떻게 하면 아이가 스스로 자기만의 길을 발견할 수 있도록
도와줄 수 있을까?"

미래학자들은 '나를 아는 힘'이 미래를 살아갈 아이들에게
마치 '절대 반지'와 같은 존재가 될 것이라고 전망한다.
자기 자신을 아는 것은 단순히 직업 목표를 설정하는 데 그치지 않는다.
그것은 자신이 하는 일의 의미를 깊이 이해하고,
그 일을 통해 어떤 가치를 추구하고 싶은지를 깨닫는 과정이다.

'자기 이해'가 곧
인생의 나침반이다

　　성공의 공식이 변하고 있다. 유튜브 크리에이터가 되는 데는 학벌도, 영어성적도, 수상 경력도 필요 없다. BTS를 비롯해 한류를 이끄는 아이돌 그룹은 걸어 다니는 '기업'이다. 프로게이머 페이커(이상혁 선수)의 연봉은 100억 원을 넘는 것으로 알려졌다. 예전엔 자기 꿈을 이루기 위해 권력을 가진 방송사나 기업 등에 소속돼야 했지만, 이젠 실력만 있으면 누구든 선택받을 수 있다. 자기가 하고 싶은 일을 하며 돈도 버는 '덕업일치'의 시대다. 진짜 좋아하면 진정성이 생기고, 그게 사람들의 마음을 움직인다.

　　부모로서 이러한 변화의 속도에 당황스러울지도 모른다. '좋은 대학, 안정된 직장'이라는 오래된 성공 공식은 역사의 뒤안길로 사라지는 중이다. 변화를 읽지 못하는 부모는 아이의 성장을 가로막는 허들이 될 수도 있다. 부모가 지녀야 할 질문은 이것이다.

"어떻게 하면 아이가 스스로 자기만의 길을 발견하도록 도와줄 수 있을까?"

'나'라는 소우주를 탐색하게 하라

하지만 자신이 뭘 원하고, 뭘 하고 싶은지를 찾기란 쉽지 않다. 아이들은 흔히 하고 싶은 게 없다고 말한다. "나는 누구지?"라는 큰 질문을 던지기 전에 이 질문부터 해 보자.

"나는 무엇을 할 때 행복하지?", "내 기분이 좋아지는 장소는 어디지?", "누구와 있을 때 편안하지?", "취미는 뭐지?", "특기는 뭐지?"

'나를 아는 힘'이 미래를 살아갈 아이들에게 '절대 반지'가 된다고 많은 미래학자가 진단한다. 유발 하라리는 '정신 차리지 않으면, 기술이 당신에게 목표를 강요하고 당신을 자신의 노예로 만들 것'이라고 경고한다.

> "그 해답은 '자신을 더 잘 알아가는 수밖에 선택의 여지가 없다. 당신이 누구인지, 삶에서 진정 원하는 것이 무엇인지 알아보라."

AI는 우리가 좋아하는 음악을 추천하고, 원하는 정보를 제공하고, 가장 효율적인 길을 제시해 준다. 그러나 이 효율 속에서 우리는 종종 중요한 것을 놓친다. 바로 "내가 진정으로 원하는 것이 무엇인가?"라는 질문이다. 모든 것이 자동화된 세상에서는 정해진 답을 찾아내는 것이 중요할지 모르지만, **인간의 삶에서는 정답보다 '나만의 해답'을 찾는 것이 더 중요하다. 스스로를 이해하지 못한다면, 기술과 세상의 요구에 이끌려 다니며 결국 자신을 잃게 될 수밖에 없다.**

요즘 많은 아이들이 유튜버가 되기를 꿈꾼다. 그 이유는 단순하다. 자유롭고, 재미있어 보이며, 돈을 많이 벌 수 있는 직업이기 때문이다. 그러나 진정으로 자신이 어떤 콘텐츠를 만들고 싶어 하는지, 그 과정에서 무엇을 느끼고 싶은지 스스로 물어보지 않는다면, 아이는 단지 유행을 따라가는, 그렇고 그런 크리에이터 중 한 명이 될 것이다. 자기 자신을 아는 것은 단지 '유튜버'라는 목표를 설정하는 것이 아니라, "나는 왜 이 일을 하고 싶어 하는가?", "어떤 메시지를 전하고 싶은가?"를 이해하는 것이다. 이런 내적 탐구가 없으면 누구든 쉽게 지치고 방향을 잃기 마련이다.

그뿐인가. 그저 게임이 좋아서 게임 개발자가 되고 싶은 것과 '내가 어떤 게임을 만들고 싶은가?'를 아는 것은 결과물이 다를 수밖에 없다. 깊은 자기 탐구를 통해 아이는 '외로움을 치유하는 세상을 가상으로라도 만들고 싶다'거나 '함께하는 즐거움을 전달하는 게임을 만들고 싶다'는 결론에 도달할 수 있다. 게임을 통해 세상과 소통하고 자기만의 목소리를 내게 된다.

자기 자신을 아는 것은 단지 직업의 목표를 설정하는 것이 아니다. 일의 의미와 그 일을 통해 어떤 가치를 추구하고 싶은지를 이해하는 과정이다. AI가 그저 데이터상의 '최고의 선택'을 제시할 때, 아이는 자신만의 진정한 이유를 찾음으로써 그 선택을 넘어서는 창의성을 발휘할 수 있다. 기술이 대체할 수 없는 것은 바로 진정성에서 나오는 고유한 창조성이다.

'너 자신을 알라'는 오래된 조언이지만, 21세기에 가장 시급한 조언이다. 자신을 들여다보고 자신을 아는 것, 그리고 모르는 것을 모른다고 하는 것, 끊임없이 변화되는 미래에 자신을 고집하지 않고 변화하려는 마음가짐, 유연한 사고만이 미래에 인간이 인공지능에 종속되지 않고 힘을 가질 수 있는 열쇠다.

'나를 안다'는 것은 '자신이 누구인지, 어떻게 살아야 하는지, 내가 모르는 것은 무엇인지' 와 같은 질문을 아이 스스로 던지고 답을 찾는 과정이다. 이 힘을 기른 아이는 삶의 목적과 방향을 확고하게 설정할 수 있다.

'나는 누구인가, 나는 왜 사는가, 어떻게 살고 싶은가.' 진짜 자기와 대면할 시간을 갖지 못한 채 공부만 했던 아이는 언젠가 크게 울부짖는 날이 올지도 모른다. 이르면 사춘기가 될 수도 있고, 중년이 되어 갑자기 삶에 대한 분노로 표출될 수도 있다. 정신분석학자 융은 "마흔이 되면 마음에 지진이 일어난다. 진정한 당신이 되라는 내면의 신호다."라고 말했다. 이 시기에 많은 이가 우울증, 삶의 의미 상실 등을 겪는 이유다.

오프라 윈프리 역시 '그 무엇보다 자기 자신이 되라'고 외친다. 자기 인생의 핸들을 다른 사람에게 맡기지 말라는 것이다. 그녀는 '꿈을 꾸면서 진정한 자기 자신으로 살 수 있었다'고 고백했다.

> "여러분은 인생의 비전이 있을 것이다. 계획이 없을지라도 스스로 어떤 방향으로 가는지 알아야 한다. 스스로 인생의 운전석에 앉지 않으면 인생에 이끌려가게 된다."

그러고 나선 스스로 헌신할 곳을 찾으라고 조언한다. 그녀는 "당신이 할 수 있는 모험은 당신의 꿈을 좇는 삶을 사는 것이다. 당신 인생의 운전석에 앉아라."라고 당부한다. 스티브 잡스의 뒤를 잇는 혁신가 일론 머스크도 진짜 '나'가 되라고 힘줘 말한다.

"자기 재능을 발견하려면 어린 나이부터 놀이도 많이 하고, 경험도 많이 쌓고, 자기반성 할 시간도 가져야 합니다. 여유로운 삶이 게으른 삶인가요? 천만에요. 24시간 내내 생산성이나 생존을 추구하는 대신, 정직함과 진정성에 조금이라도 시간을 할애할 수는 없나요? 진정한 성공을 위해선 생산성보다 자기 자신을 인정하고 정직한 '나'가 되는 거예요. 어떤 누구도 자아실현을 대신해 주진 않으니까요."

뿌리가 깊은 아이로 키우려면

현기증 날만큼 변화가 밀어닥친다. 그사이 누군가는 스타트업 창업에 성공해 대박을 칠 것이고, 어떤 이는 대박 난 회사에 투자를 잘해 돈방석에 앉았다는 소식이 들릴 것이다. '하루 4시간 일하고 월 몇천만 원 벌기', '게으르게 살면서 경제적 자유 누리는 법'을 가르쳐 주겠다는 강사도 어렵잖게 찾아볼 수 있다. 유튜브만 켜면 구독자 몇십만 인플루언서들의 향연이 펼쳐진다. 구독자 수와 조회수를 미뤄 보건대, 꼬박꼬박 정기적으로 들어오는 수입만 해도 월급쟁이는 가뿐히 넘길 것 같다. 협찬, 제휴 마케팅까지 고려하면 억소리가 들린다.

공이 어디로 튈지 모르는 세상에서 변화를 읽고 대박을 낸 이들은 축하해 줘야 마땅하다. 그런데 마음 한구석엔 내 길에 대한 불안감이 엄습한다. 움츠러들고 자신감도 떨어질 수 있다.

그래서 '나'를 잘 알아야 한다. 나를 잘 알면 두렵지 않다. 내가 원하는 삶을 잘 알기에 남의 것을 탐하지 않는다. 비교와 시기, 질투로 자기 마음을 지옥으로 만드는 일도 없다. 성공보다 성장에 초점을 둔다. 자신만의 기준이 분명하기에 삶의 주인이 되어 살아간다. 높은 시선으로 비전과 목적을 세우고, 그 방향으로 꾸준히 나아간다. 동시에 자신의 한계를 명확히 알기에 배움의 끈을 놓지 않는다. 매 순간, "지금 행복한가?"라고 스스로에게 묻고, 마음을 돌보는 일도 잊지 않는다. 나다운 꿈을 꾸며, 다른 이의 성공 방식을 따라가지 않는다. 결국, 내게 맞지 않는 꿈은 나를 갉아먹을 뿐임을 알기 때문이다.

자기 중심을 확립하려면 세상에 나를 마음껏, 한없이 풀어놓아야 한다. 즉, 많은 경험을 쌓아야 한다는 뜻이다. 다양한 상황과 사람들 속에 나를 던져보면, 내가 어떤 사람인지 명확히 알 수 있다. 때로는 내가 미처 발견하지 못한 나의 강점을 다른 사람이 알아보기도 하고, 극한 상황에서 또 다른 내 모습을 발견하기도 한다. 부딪치고 깨진 만큼, 나의 직관과 감각도 발달한다. 다양한 책과 잡지 등을 통한 간접 경험도 큰 도움이 된다.

뭐든지 내 몸을 온전히 관통해 내 안에서 깊이 익을 때, 비로소 자기만의 촉이 생긴다. 내가 어떻게 살아갈지, 무엇을 해야 할지, 나에게 가장 좋은 방식을 찾아내는 것, 그것이 바로 촉이다. 삶이 불안하고 힘들수록, 자기 촉을 길러야 한다.

나를 아는 건 삶의 '마스터키'다. 아이들에게 많은 경험을 선물해야 한다. 그래야만 '진짜 내가 좋아하는지, 나의 강점은 무엇인지, 또 나의 한계는 무엇인지' 알 수 있다. 머릿속으로 생각만 하는 '나'는 진짜가 아닐 가능성이 크다. 긍정적인 나를 발견할 때도 있지만, 또 한없이 나약하고 부끄러운 나를 발견할 때도 있다. 그 또한 모두 '나'라는 것을 인정하고 받아들였을 때 한 단계 뛰어넘을 수 있다.

지금 현재 내가 가진 것으로 할 수 있는 것에 집중하고, 부족한 자신을 있는 그대로 드러낼 수 있어야 한다. 자기 안에 만들어낸 두려움, 불안, 자만과 같은 허상을 떨쳐내야 한다. 그래야 불확실한 미래를 향해 나아갈 수 있다.

수천 년 인고의 세월을 버티고 선 고목의 뿌리를 본 적 있는가. 깊고 넓게 뿌리 내린 나무는 당당하다. 흔들려도 곧 제자리를 찾는다. 요란스럽지 않다. 지식생태학자 유영만 한양대학교 교수는 이렇게 말했다.

"나무는 뿌리를 내린 만큼 큰다. 기본과 뿌리를 제대로 잘 세우면 길이 열린다. 내가 뻗은 뿌리의 깊이가 내가 성장할 수 있는 높이를 결정한다. 높이 성장하기 위해서는 우선 깊이 뿌리를 내려야 한다. 뿌리를 깊이 내리면 뿌리치지 못한다."

사람도, 아이도 마찬가지다. '나'라는 뿌리를 깊이 내린 아이는 자기를 보는 시선을 내부에 둔다. 자기를 보는 시선이 외부에 있으면 행복하지 않다. 행복하지 않으면 자유롭지 않고, 그러면 삶이 창의적일 수 없다.

'나'라는 뿌리를 잘 내려야 삶의 방향을 잃지 않는다. 인생은 선택의 연속이다. 기술 변화의 진폭이 클수록 선택은 어려워질 것이다. 그래서다. 아이가 세상이란 곳에 자기를 마음껏 내던져 볼 시간을 주자. '나'라는 빈 캔버스를 자기만의 색으로 채워가도록 지켜보고 기다려 주자. 자기답게 사는 데서 자유로움도 창의성도 진정성도 나온다. 세상에 유일한 존재인 나는 최고의 재료다. 남들 가는 대로 쫓아가면 인공지능에 대체되는 건 시간문제다. 아이 마음속에 문신처럼 새겨 주자.

세상의 기준에서 자유롭기를, 오직 '나'의 답을 찾기를, 몸과 마음이 하는 소리에 귀 기울이고, 어떤 순간에도 '나다움'을 잃지 않기를.

자기 자신을 탐구하는 다섯 가지 방법

1. 일기 쓰기와 반성의 시간 갖기

자신을 알아가는 첫걸음은 '한 페이지의 일기'로부터 시작될 수 있다. 하루 동안 있었던 일과 느꼈던 감정을 솔직하게 적어보는 것만으로도 삶에 큰 변화가 찾아올 수 있다. 아이가 종이 위에 펜을 움직이는 순간, 자신의 마음속을 들여다보고 감정의 깊이를 탐구할 기회를 얻게 된다. 하루를 마무리하며 잠시 멈춰 스스로에게 질문해 보는 것이다.

"오늘 나를 가장 행복하게 만든 순간은 무엇이었을까?"

이 질문은 아이가 하루 속에서 반짝였던 순간들을 찾아내고, 그 작은 조각들이 모여 아이가 스스로를 이해하는 힘으로 자라난다. 일기는 단순한 기록, 그 이상의 의미를 지닌다. 마음을 표현하고, 세상을 자신만의 시각으로 바라보는 거울이 될 수 있다.

2. 다양한 경험 속에서 자신을 발견하기

'경험'은 자기 탐구의 열쇠다. 아이가 자신에 대해 잘 모르는 이유는 아직 경험이 부족하기 때문이다. 익숙하지 않은 취미에 도전하고, 낯선 사람들과 대화를 나누며, 새로운 활동을 시도하는 것은 큰 도움이 된다. 예술의 감동 속에서, 자연 탐험의 경이로움 속에서, 스포츠의 짜릿함 속에서 아이는 자신의 새로운 면을 발견하게 된다. "나는 어디서 가장 빛나는가?"라는 질문의 답은 다양한 경험을 통해 서서히 드러난다. 이러한 경험들은 아이의 내면을 더욱 깊고 풍성하게 만들어주며, 자기 이해의 밑거름이 되어준다.

3. 타인의 피드백을 경청하기

스스로를 온전히 바라보는 것은 쉽지 않다. 그래서 타인의 시선이 필요할 때도 있다. 부모나 친구, 선생님처럼 믿을 수 있는 사람들에게 아이가 어떤 점에서 특별한지, 어떤 재능을 가졌는지 물어보는 것은 큰 도움이 된다.

"나는 어떤 점이 특별할까?", "내게 어떤 재능이 있을까?"

이런 질문들을 통해 아이는 타인의 시각에서 새로운 면을 발견하게 된다. 하지만 타인의 평가에 너무 매몰되지 않도록 하는 것도 중요하다. 타인의 피드백은 참고 자료일 뿐, 아이가 자신을 판단하는 기준은 결국 자기 자신이어야 한다. 스스로를 기준으로 자신을 바라볼 수 있을 때 진정한 자아와 만날 수 있다.

4. 명상과 내면의 목소리에 귀 기울이기

명상은 세상의 소음 속에서 나를 찾는 강력한 도구다. 빠르게 돌아가는 일상 속에서 잠시 멈추고, 아이가 조용한 공간에 앉아 눈을 감고 자신의 호흡에 집중할 수 있도록 해 보는 것도 좋다. 이 시간을 통해 아이는 외부의 소란에서 벗어나 내면의 목소리에 귀 기울일 수 있다.

"지금 내 마음은 어디에 있는가?"라는 간단한 질문은 아이가 자신의 진짜 감정을 더 잘 들여다보게 만든다. 내면에 집중하는 시간을 가질 때, 아이는 외부의 요구에 흔들리지 않고 자신만의 중심을 잡는 힘을 기를 수 있다.

5. 책을 통한 간접 경험

책은 무한한 경험의 세계로 우리를 초대한다. 다양한 책을 통해 여러 인물의 삶을 경험하게 해 보는 것은 아이에게 큰 의미를 가진다. 문학 속의 여러 캐릭터들이 겪는 갈등과 성장의 순간들은 아이가 스스로의 삶을 돌아보게 하는 좋은 기회가 된다.

책은 질문을 던지고, 그 질문에 대한 답을 찾아가는 과정을 통해 아이는 스스로를 더욱 깊이 이해하게 된다.

"만약 내가 이 주인공이었다면 어떻게 했을까?"

질문을 던지면서 아이는 다양한 자신을 발견할 수 있다. 문학은 단순히 이야기를 나열하는 것이 아니라, 우리 자신을 비추어 보는 중요한 거울이다. 그 거울 속에서 아이는 자신의 다양한 얼굴들을 만나고, 더욱 깊이 자신을 이해할 수 있다.

진짜 스펙?
자존감 하나면 충분하다

　　자녀의 입시를 앞둔 엄마들의 고민은 비슷비슷하다. '아이가 앞으로 어떤 일을 하며 살아야 할까. 어떤 전공을 선택해야 할까. 앞으로 유망한 직업은 무엇일까. 앞으로는 인공지능이 많은 직업을 대체한다고 하는데, 뭘 하면 대체되지 않는 삶을 영위할 수 있을까.' 하루가 다르게 변하는 시대에 이러한 고민은 점점 깊어 갈 수밖에 없다.

　　아이가 지금 배우는 것이 과연 10년, 20년 뒤에도 쓸모 있을까? 분명한 건 어떤 직업은 없어지겠지만, 또 새로운 직업이 생겨날 것이란 점이다. 오랜 시간 고생해서 얻은 직업을 잃을 수도 있고, 모든 것을 처음부터 다시 시작해야 할 수도 있다.

영국 드라마 「휴먼스^{Humans}」는 인공지능 로봇이 일상화된 미래를 보여 준다. 어느 날, 아빠가 사 온 '가정부 로봇' 아니타는 가족의 일상을 바꾼다. 아니타는 지친 아내, 엄마와는 달리 아침상도 풍성히 차리고 청소도 잘한다. 막내딸에게 책을 읽어 주는 역할까지 완벽하게 해내자, '진짜 엄마'인 로라는 로봇으로 대체되는 자신의 삶에 위기를 느낀다. 그런 로라에게 아니타는 냉정하게 말한다.

"제가 당신보다 아이를 더 잘 돌볼 수 있다는 것은 명백한 사실이에요. 전 기억도 잘하고 화내지도 않으며, 우울해하거나 술이나 마약에 취하지도 않죠. 저는 더 빠르고 더 강하며, 관찰력도 뛰어납니다. 저는 두려움도 느끼지 않습니다."

고등학생인 큰딸은 이런 로봇 세상에 불만이 많다. 컴퓨터 성적이 A에서 D로 떨어진 딸에게 부모는 "마음만 먹으면 잘할 수 있어."라고 격려하지만, 딸은 냉소적으로 답한다.

"원하면 다 될 수 있다고요? 의사는 어때요? 의사가 되려면 7년은 걸리죠. 하지만 그때쯤이면 인공지능 로봇이 수술을 하고 있을걸요."

"무엇을 하든 인공지능이 더 뛰어나다면, 우리는 공부하거나 일할 필요가 있을까?" 골프 선수를 꿈꾸던 한 청년은 골프장에서 사람들을 보며 푸념한다.

"내게는 미래가 없어. 로봇보다 잘할 수 있는 게 하나도 없으니까. 저게 무슨 소용이야? 쟤네(로봇)가 치면 항상 '홀인원'일 텐데."

불확실한 미래를 위해
아이에게 필요한 것

「휴먼스」드라마는 인공지능 시대에 과연 인간의 가치는 무엇인지에 대한 묵직한 질문을 던진다. AI가 모든 분야에서 뛰어나다면, 우리가 가르쳐야 할 것은 무엇일까? AI가 가지지 못한 인간만의 고유한 감정과 가치를 길러 주는 것이 중요하다.

아이가 대학을 졸업할 즈음 세상은 어떻게 변해 있을까? 도통 감을 잡을 수가 없다. 기사도 인공지능이 쓰고, 작곡도 작사도 그림 그리기도, 수술도 인공지능이 더 잘할 것 같다. 결국 24시간 밥도 안 먹고, 잠도 안 자고, 쉬지도 않고 데이터를 학습하는 인공지능을 잘 활용하면서 인간의 영역을 찾아가야 한다는 결론에 이른다. 갈수록 '좋은 직장'이라고 불리는 안정적인 일자리는 줄어들 것이다.

기술의 변화에 민감하게 반응하고 끊임없이 배우며 변화에 맞춰야 한다. 새로운 일을 찾아 도전하고 변신해야 한다. 하지만 그 여정이 결코 쉽지 않을 것임을 우리는 잘 알고 있다.

특히 100세 시대가 현실로 다가온 지금, 아이들에게 가장 필요한 것은 무엇일까? 바로 평생을 지켜줄 건강한 '자존감'이다. 설령 AI로 대체되거나 AI보다 잘하는 것이 없다는 생각이 들 때조차, 혹은 소득 양극화로 상대적 박탈감이 크게 느껴질 때도 '자존감'이라는 열쇠를 쥐고 있다면, 아이는 스스로 만족하며 삶을 꾸려갈 힘을 갖게 될 것이다.

자존감이 높은 사람은 남의 평가에 연연하지 않고 자기 일에 '의미'를 부여한다. 자기가 해낸 일에 대해 가치를 부여하고, 그 과정 역시 의미 있다고 여긴다. 내가 하는 일을 AI가 더 잘할지라도, 언제 대체될지 몰라 불안하더라도 '나'라는 존재를 귀히 여기는 '슈퍼에고'가 필요하다.

자존감은 자기 자신에 대한 신념의 집합이다. 행복하고 건강한 삶의 시작은 '긍정적인 자아상'이다. 자존감이 낮다는 것은 유리잔에 금이 간 것과 비슷하다. 작은 외부 충격에도 쉽게 부서지고, 작은 비난에도 쉬이 무너진다. 자기를 싫어하는 눈치가 조금만 보여도 모든 걸 포기하려 한다. 『자존감의 여섯 기둥』의 저자 나다니엘 브랜든은 자존감을 '칼슘'에 비유한다. 칼슘이 없다고 해서 죽진 않지만 건강한 삶을 위해 칼슘이 필요한 것처럼 자존감이 있어야 몸과 마음이 건강하다.

모든 인간은 존재 그 자체로 소중하고 특별하다. 특별하다는 건 'the only', 유일성을 의미한다. 이 세상에 나와 똑같은 인간은 어디에도 없다. 나란 사람은 대체 불가한 유일무이한 존재다. 나는 이 세상에 유일한 '나'이며, 그런 내가 나를 좋다고 여기는 것이다. 나의 잘난 점, 못난 점, 강함과 연약함 모두 수용한다. 지질하고 못난 부분이 있어도 나는 여전히 소중하고 특별한 존재라는 정서가 깔려 있으면, 자기를 건강하게 받아들일 수 있다.

자존감은 크게 두 가지 요소로 정의된다. 첫째는 자기 가치감이고, 둘째는 자기 효능감이다. 먼저 자기 가치감은 자신의 가치와 중요성을 스스로 느끼는 것이다. 아이는 주 양육자와의 관계를 통해 자신의 가치감을 느낀다. 그러나 성인이 되어서는 자기 스스로 자신의 존재 그 자체로 가치를 인정하고 누릴 수 있어야 한다.

자기 효능감이란 쉽게 말해 자신감이다. '나는 해낼 수 있어!' 이런 낙관적 태도가 삶에 용기와 희망을 주고 힘찬 에너지를 공급한다. 자기 효능감은 스스로가 자신에게 내리는 주관적 판단, 느낌이다.

자존감 높은 아이 vs. 자존감 낮은 아이

"우리 아이가 자신감이 넘치는데, 자존감이 높은 걸까요?"

많은 부모가 이렇게 묻는다. 답은 그럴 수도 있고 아닐 수도 있다. 겉으로 자존감이 높아 보이지만 실제로는 '가짜 자존감'인 경우가 적지 않다. 이런 아이들은 외부의 평가와 칭찬에 지나치게 민감하고, 자신의 기대에 미치지 못할까 불안해하며, 결과에 따라 분노하기도 한다. 이는 건강한 자존감이 제대로 형성되지 않았기 때문이다.

실패를 두려워해 시도조차 하지 않으려는 모습도 보인다. 부모는 이런 아이의 근거 없는 자신감이나 왜곡된 자아상을 제대로 인지하지 못하고, 자존감이 높다고 착각하기도 한다. 하지만 진정한 자존감은 외부의 인정이 아니라 내면의 안정감에서 비롯된다.

또 자신감이 넘치지만 자기 가치감이 낮을 수도 있고, 반대로 자기 가치감이 높지만 자신감이 부족할 수도 있다. 실제로 자아 존중감이 높다는 것은 자기 가치감과 자신감이 균형 있게 발달한 상태를 의미한다.

자존감이 높은 아이는 타인에 대한 공감 능력이 뛰어나며, 자신을 긍정적으로 바라본다. 다른 사람의 실수나 잘못도 너그럽게 받아들이고, 상대방에게 의존하지 않는 독립적인 태도를 보인다. 부탁이 거절되더라도 상처받기보다는, 상대방에게 그럴 만한 이유가 있을 거라며 이해하려 한다. 또한 삶에서 마주치는 문제에 유연하게 대처하고, 자신의 약점을 감추기보다는 당당히 인정하며 이를 극복하려는 태도를 가진다. 이런 모습은 건강한 자아 존중감의 핵심적인 특징이라 할 수 있다.

자기 약점을 솔직히 인정하는 태도는 사람을 끌어당기는 힘이 있다. 반면, 자존감이 낮은 사람은 자신을 있는 그대로 드러내지 못하고 남의 시선을 지나치게 의식하며 불안 속에 살아간다. 자신에 대해 부정적이고, 쉽게 자격지심을 느끼며 남을 탓하거나 다른 사람의 실수에 관대하지 못한 모습을 보인다. 이러한 태도는 대인관계에서도 어려움을 초래한다.

그러나 **자존감이 높다고 해서 항상 좋은 것만은 아니다. 지나치게 높은 자존감은 타인을 무시하거나 제멋대로 행동하는 문제를 낳을 수 있다. 결국, 자존감은 적절한 균형을 유지하는 것이 가장 중요하다.**

교육 전문가들은 한목소리로 말한다. 자존감이 높은 학생은 학교 성적이 낮더라도 자신의 꿈을 향해 도전한다. 반면, 자존감이 낮은 아이는 성적이 상위권일지라도 자신보다 더 잘하는 학생과 비교하며 자신의 성취를 과소평가하고, 자신감 있게 자신을 '어필'하지 못하는 경우가 많다.

앞으로의 시대는 '스펙'이 아니라 자신을 스스로 '세일즈'할 수 있
는 능력이 중요하다. 무엇이든 적극적으로 도전해 성공의 기회를
높여야 한다. 이를 위해 필요한 것은 '나는 할 수 있다'는 자신감과
실패를 성공의 자산으로 전환하는 자존감이다. 만약 지금의 실패
를 자신의 전체로 규정하며 '나는 실패작이다'라고 여긴다면, 그 미
래는 암울할 수밖에 없다. 자존감이란, 실패에도 불구하고 다시 일
어서게 만드는 원동력이다.

자존감 높은
아이로 키우려면

자존감은 어린 시절 부모의 무조건적인 사랑에서 출발한다. 이
시기에 부정적인 자아상을 형성하게 되면, 건강한 자존감을 갖기
어려운 경우가 많다. 아이는 부모가 자신을 사랑하는 눈으로 바라
보고, 사랑스럽고 귀하게 대할 때 '나는 사랑받고, 귀한 존재구나.'
라는 느낌을 갖게 된다. 이후 성장하면서 다양한 사람들을 만나며
자신만의 자아상을 만들어 가게 된다.

자존감 문제는 평생을 따라다닌다. 오랫동안 굳어진 자기 개념

과 자신에 대한 신념을 바꾸는 데는 엄청난 시간과 노력이 필요하다. 그래서 **어릴 적 부모의 양육 태도는 아이 평생의 자존감에 깊은 영향을 미친다. 매 순간 아이를 사랑하고 아껴주는 것이 중요하다. 마치 함께하는 시간이 마지막인 것처럼 안아주고 사랑해 주자.**

4~5세 시기는 아이의 호기심과 활동량이 폭발적으로 증가하는 시기다. 그렇기에 '이렇게 해, 저렇게 해'라고 몰아가서는 안 된다. 부모의 강압적인 태도는 아이가 눈치를 보게 만들고, 주눅 들게 할 수 있다. 아이가 스스로 할 수 있도록 기다려 주자. 어려운 일에 부딪혔을 땐 아이 말에 귀 기울이고 공감해 주자. 단 아이의 잘못된 행동까지 허용해선 안 된다. 잘한 행동에 대해선 격하게 칭찬해 주되 결과가 아닌 과정을 구체적으로 칭찬하는 게 좋다.

예를 들어, "1등 했네, 정말 똑똑해!"라고 말하기보다는 "정말 최선을 다했구나. 대견해!"라고 말하는 것이 더 효과적이다. 만약 아이가 그림을 잘 그리지 못하는데 "그림 진짜 잘 그리네!"라는 거짓 칭찬도 좋지 않다. 사실과 다른 과한 칭찬을 하면 아이는 자신을 객관적으로 바라보질 못하고 부풀려진 자아상을 갖게 된다.

자존감이 높은 아이로 키우기 위해서는 '작은' 성취를 쌓을 수 있도록 도와야 한다. 성취할 수 없는 목표를 계속 제시하면 아이는 확실히 불행해진다. 여러 연구에서도 밝혀졌듯이 학벌이 좋고 잘 나가는 부모일수록 종종 완벽하고 이상적인 기준을 세운다. 그런데 그 기준에 미치지 못하는 아이는 불안감을 느끼고 자신감을 잃게 된다. 높은 기대를 지속적으로 강요할수록 아이의 자존감은 점점 낮아진다. 낮은 자존감은 불안, 우울, 분노와 같은 부정적인 감정을 불러일으키며, 작은 어려움이나 실패에도 내면의 비판적인 목소리가 커지고 이는 삶의 에너지를 갉아먹는다.

낮은 자존감은 종종 자신을 끊임없이 증명해야 한다는 강박이나 인정 투쟁으로 나타나기도 한다. 삶에 만족하지 못하고 자신을 계속해서 비하하거나 다그친다. 이처럼 자존감이 낮은 아이는 행복과는 거리가 먼, 그야말로 '버티는 삶'을 살아가게 된다.

부모는 아이가 잘하지 못하고 실패하더라도, 아이가 존재하는 것만으로도 충분히 가치 있는 사람임을 믿어주어야 한다. 이렇게 부모가 아이에게 무조건적인 믿음을 주면, 아이는 실수를 인정하고 다시 도전할 수 있게 된다. 소아정신과 오은영 박사는 "아이를 잘 관찰하고, 기대는 하되 욕심은 내려놔야 한다."라고 조언한다. 다음은 오 박사가 제시하는 「자존감 높은 아이로 키우는 부모 수칙」 이다.

1. 아이와 대화할 때 말을 끊지 않는다. 아이가 말도 안 되는 이야기를 하더라

도 끝까지, 열심히 귀 기울인다.

2. 다른 사람 앞에서 나무라지 않는다. 아이들도 체면이 있다. 다른 사람들 앞에서 혼날 때 자신이 존중받을 만한 자격이 없다고 느낀다.

3. 아이 일은 스스로 할 수 있도록 기다려 준다. 작은 성취 경험이 쌓일 때 자존감이 올라간다. 목표한 것을 스스로 해낼 수 있도록 지켜봐 주자.

또 하나, 비교는 자존감 도둑이다. 비교를 당할수록 사람은 불행해진다. 비교하는 부모는 아이가 어릴 땐 공부로, 대학에 가면 외모, 이성 친구 학벌과 집안, 사회에 나가면 직업, 배우자 '스펙' 등으로 끝이 없다. 실제 존재할 것 같지 않은 '엄친딸', '엄친아' 이야기를 습관처럼 하는 부모 밑에서 아이는 스스로가 너무 초라하다.

마음에 늘 완벽한 대상과 자신을 비교하며 열등감과 자격지심을 갖는다. 아이는 본능적으로 비교하고, 자기보다 우월해 보이는 대상에게 질투, 시기, 나아가 분노를 표출하기도 한다. 부모로부터 받은 비교는 열등감으로 표출된다. 마음의 감옥이다.

누구나 인생에서 실패와 좌절을 겪는다. 사람은 자기 이야기를 들어주고 따뜻하게 지지해 주는 단 한 사람만 있어도 자신을 절대 포기하지 않는다. **좋은 부모를 둔 아이들은 그 순간 자동적으로 어릴 적 부모가 해준 긍정의 말들을 기억하고 견뎌 낸다. 마치 컴퓨터에 프로그램이 돌아가듯, 아이의 잠재의식에 믿음과 사랑, 용기, 희**

망, 낙관 등 긍정의 단어를 깔아 주자.

부모가 믿고 인정해 주지 않으면 아이는 자신감을 갖기 어렵다. "잘될 거야.", "할 수 있어.", "믿는다.", "잘 커 줘서 고마워.", "엄마 아들(딸)로 와 줘서 고마워."

이 같은 말을 주문처럼 들려주자. 아이가 잘 해낼 수 있도록 믿어 주자. 필요한 순간엔 손을 내밀어 주자. 부모는 힘들 때 언제든 마음 놓고 이야기할 수 있는 존재여야 한다.

아이들은 지금껏 인류가 한 번도 경험하지 못한 좌절과 상처를 마주하게 될 것이다. 시시각각 변하는 소용돌이 속에서, 그 어떤 상황에서도 중심을 잃지 않아야 한다. 적당한 파도는 가뿐히 넘기고, 거센 파도는 물속으로 피해 들고, 잔잔한 바다에선 유유히 헤엄치며 즐길 수 있어야 한다. 확실한 것이라곤 불확실성과 복잡성이 커지는 것밖에 없는 미래다. 불안의 시대에 맞설 마음의 면역력, 건강한 자존감을 키워줘야 한다. 동일한 바이러스가 침투해도 면역력이 강한 사람은 바이러스를 물리치고 건강하고 행복한 삶을 누린다. 건강한 자존감은 '불안의 시대'를 대비하는 최고의 '스펙'이다.

부모의 자존감은 대물림된다?

몇 년 전 방영된 EBS 다큐 프라임 「아이의 사생활」은 부모의 자아 존중감이 대물림된다는 메시지를 던져 당시 큰 이슈를 불러일으켰다. 그 뒤로 자신의 낮은 자아 존중감이 아이에게 부정적 영향을 미칠까 봐 걱정하는 부모들이 부쩍 늘었다. 실제로 아이의 자존감은 부모 자신의 자존감에서 비롯되는 경우가 많다. 만약 아이에게 "엄마처럼 살지 마." 또는 "이렇게 살기 싫다면 정신 똑바로 차려."라고 말하고 있다면, 먼저 부모인 자기 자신에게 당당해져야 한다.

아이만을 바라보기 전에 부모부터 먼저 자신을 좋아해야 한다. "나는 나를 좋아하는가?" 물어보자. 있는 그대로의 자신을 받아들여야 한다. 인간은 완벽할 수 없다. 좋은 점도, 부족한 면도 있다는 것을 인정하는 것부터 시작이다.

아이만 바라보는 부모, 아이를 내 삶의 중심에 두는 부모는 아이가 부모 기대에 못 미칠 때 부모 자신의 자존감에 상처를 입는다. 자신의 욕망을 자식에게 투사하지 말고, 아이를 독립된 개체로 인정해야 한다. 아이의 성공으로 자신의 삶을 증명하려 할 때 아이의 자존감에도 부정적 영향을 미친다. 조선희 아주대 정신과 교수는 부모들에게 이렇게 조언했다.

"더 해 주려고 애쓰는 것보다 스스로 보람을 느끼며, 행복하게 살아가는 부모의 모습을 보여 주는 것이 더 좋은 교육이다."

가장 중요한 것은 부모 스스로 자신의 삶을 살아가는 것이다. 행복한 자녀로 키우기 위해선 먼저 행복한 부모가 돼야 한다는 말을 마음에 새기자.

부모의 자존감이 회복되면 아이가 다르게 보인다. 육아는 단거리가 아니다. 멀리 보고 길게 뛰어야 하는 마라톤이다. 인생이란 길을, 눈에 넣어도 아프지 않을 아이와 함께 호흡하며 걷고 뛰는 것이다. 아이와 함께 나를 키워 나아가 보자.

부모의 자존감을 높이기 위해서는 먼저 마음속에 상처받은 '내면 아이'를 따뜻하게 달래야 한다. 비록 자신이 부모로부터 무조건적인 사랑을 받지 못했거나 차별과 학대를 겪었다 하더라도, "나는 가치 있는 사람이다."라고 스스로에게 끊임없이 말해 줘야 한다. '나'라는 자기 개념은 정해져 있지 않다. 내가 여기서 어떤 선택을 하느냐에 따라 바로 내일의 삶이 달라질 수 있다.

과거의 상처에 얽매여 있으면 그로부터 한 발짝도 나아갈 수 없다. 내가 바꿀 수도, 통제할 수도 없는 과거와 타인에 집착하지 말고, 현재 할 수 있는 것부터 찾아야 한다. 이미 지나간 과거를 바꿀 수는 없지만 누구나 과거의 경험을 새롭게 해석할 수 있는 힘이 있다.

'나'는 지금 모습 이대로 이미 완전하고 충분하다. 자신의 가치를 높이 살수록 다른 이들도 아끼고 배려해 줄 수 있다. 스스로를 소중히 여기고 지지해 주자. 자기와의 관계가 편안할 때 아이 뿐 아니라 모든 관계가 수월해진다. 사는 게 한결 홀가분하고 수월해질 것이다.

생활 속에서 몇 가지 원칙을 실천해 보자.

1. 마음의 근육을 기르자

마음이 지치지 않도록 재충전의 시간을 갖고, 가능한 한 상황을 긍정적으로 해석하자.

2. 완벽주의를 내려놓자

누구나 모든 면에서 완벽할 수 없다. 스스로에 대한 기대치가 높을수록 현실 속 자기 모습과 괴리가 커진다. 이 격차가 클수록 자존감은 낮아진다. 어차피 잘해도 욕먹는다 생각하고 80%만 해 보자. 마음의 부담이 없는 상태에서 더 좋은 결과가 나올 수 있다. 너무 잘하고자 하는 마음, 힘이 들어가는 순간, 잘하던 것도 잘 안 된다.

3. 스스로 뿌듯한 순간을 쌓아가자

살면서 스스로가 마음에 쏙 들었던 순간들을 편집해 보자. 성공한 경험, 기쁜 일을 생생히 떠올리자. 의식적으로 나의 마음을 돌보고, 약점을 파고들기보다 강점을 알아차리자. 나를 긍정하는 것, 자존감을 높이는 첫 단추다.

4. 작은 성취 경험을 쌓자

아주 가벼운 목표를 세우고 꾸준히 성취하는 경험을 쌓아가자. 이를테면 하루에 스쿼트 다섯 개, 감사 일기 한 줄 쓰기 같은 작은 목표부터 시작하는 것이다.

5. 자신에게 좋은 주문을 걸어 보자

매일 반복해서 주문을 걸면 인생이 자연스레 그 방향으로 향한다. 매일 마시는 커피나 차와 함께 좋은 주문을 습관화해 보자.

"나는 점점 더 좋아지고 있어!", "나는 된다. 잘된다!"

마음의 밭을 갈아엎는 것은 하루아침에 되는 일이 아니다. 매일 조금씩 갈아엎기를 반복하다 보면, 어느 순간 자존감이 새살처럼 모습을 드러낼 것이다.

로젠버그의 자존감 척도 테스트

1. 나는 내가 다른 사람들처럼 가치 있는 사람이라고 생각한다.
전혀 아니다(1점) 보통이다(2점) 조금 그렇다(3점) 매우 그렇다(4점)

2. 나는 좋은 성품을 가졌다고 생각한다.
전혀 아니다(1점) 보통이다(2점) 조금 그렇다(3점) 매우 그렇다(4점)

3. 나는 대체적으로 성공한 사람이라는 느낌이 든다.
전혀 아니다(1점) 보통이다(2점) 조금 그렇다(3점) 매우 그렇다(4점)

4. 나는 대부분의 다른 사람들처럼 일을 잘해낼 수 있다.
전혀 아니다(1점) 보통이다(2점) 조금 그렇다(3점) 매우 그렇다(4점)

5. 나는 자랑할 것이 별로 없다.
전혀 아니다(4점) 보통이다(3점) 조금 그렇다(2점) 매우 그렇다(1점)

6. 나는 나 자신에 대해 긍정적인 태도를 가지고 있다.
전혀 아니다(1점) 보통이다(2점) 조금 그렇다(3점) 매우 그렇다(4점)

7. 나는 나 자신에 대해 대체로 만족한다.
전혀 아니다(1점) 보통이다(2점) 조금 그렇다(3점) 매우 그렇다(4점)

8. 나는 나 자신을 좀더 존경할 수 있다면 좋겠다.
전혀 아니다(1점) 보통이다(2점) 조금 그렇다(3점) 매우 그렇다(4점)

9. 나는 가끔 나 자신이 쓸모없는 사람이라는 생각이 든다.
전혀 아니다(4점) 보통이다(3점) 조금 그렇다(2점) 매우 그렇다(1점)

10. 나는 때때로 내가 좋지 않은 사람이라고 생각한다.
전혀 아니다(4점) 보통이다(3점) 조금 그렇다(2점) 매우 그렇다(1점)

30점 이상은 높은 자존감을, 20점 이상은 보통, 19점 이하는 낮은 자존감을 가진 상태입니다.

실패는 끝이 아니다,
단단해지는 과정이다

아마존의 컴퓨터 클라우드 사업부를 이끌었던 샌디 카터[既](언스톱퍼블 도메일 수석 부사장)는 아마존이 신기술의 선두주자로 자리 잡은 이유에 대해 이렇게 말했다.

"우리는 매주 실패를 토론한다. 매주 수요일, 팀이 모여 무엇에 실패했고 이를 통해 무엇을 배웠는지를 공유하는 시간을 가진다. 실패가 부끄러운 것이 아니라는 문화로 정착될 때 크고 담대한 혁신에도 도전해 볼 수 있기 때문이다. 매일 시장이 두 배로 커지고 방향이 바뀌는 상황에서 '내일'은 이미 늦다. 지나치게 생각하지 말고, 당장 실행에 들어갈 때다."

영국의 '스티브 잡스'로 불리는 제임스 다이슨은 청소기, 선풍기, 헤어드라이어 등을 생산하는 가전 업체지만, 세계에서 가장 혁신적인 기업 중 하나로 꼽힌다. 필터 없는 청소기, 날개 없는 선풍기 등 우리가 상상하지 못했던 신제품들을 세계 최초로 선보였다.

다이슨은 필터 없는 청소기를 개발하기까지 무려 5,127개의 시제품을 제작했다. 5,126번의 실패에 좌절하지 않고 최고의 제품을 만들겠다는 집념의 산물이었다. 선풍기에서 날개를 없애기 위해 비행기 제트엔진의 원리를 가져왔다. 100년 이상 이어진 선풍기의 고정관념을 깨는 데는 4년밖에 걸리지 않았다. 다이슨의 성공은 단순한 기술적 성취가 아니다. 그것은 실패를 두려워하지 않는 기업 문화에서 출발한 혁신의 결과다.

실패를 누가 더 일찍, 많이 경험했느냐가 삶을 결정한다

우리나라는 실패에 대해 가혹하리만치 인색하고 냉정하다. 한번 실패자로 낙인찍히면 다시 재기하기가 쉽지 않다. 사회 곳곳에서 실패를 장려해야 혁신이 일어난다는 목소리가 터져 나오지만 굳어진 인식은 쉽게 바뀌지 않는다.

부모들 역시 아이들의 실수나 실패를 지켜보지 않는다. 미리미리 장애물을 치워 주고 안전한 길로 안내한다. 반면 유대인 부모는 아이가 실수하거나 실패했을 때 되려 축하해 준다. 예를 들어, 아이가 물을 쏟았을 때 "마잘톱(축하해)"이라며 박수를 쳐 준다. 실수 때문에 움츠러든 아이의 마음을 북돋운다. 실패 역시 성장하는 과정이자 증거로 여긴다. 실패했다는 건 행동하고 노력했다는 것이다. 실패한 그 지점까지 성공한 것이다.

앞으론 말 잘 듣고 시키는 공부 열심히 하는 '범생이' 스타일을 되려 걱정해야 할지 모른다. 없던 길을 스스로 내야 할 때 '범생이'는 불안하다. 실패해 본 경험이 없기에 그 두려움이 상상을 초월한다. 자신에 대한 기대치가 높아 실패할 것 같으면 시도조차 하지 않으려 든다. 어릴 때부터 크고 자잘한 실패, 실수를 경험해야 하는 이유다.

이 같은 실패를 극복해 낸 경험이 쌓여 스스로를 믿는 힘, 즉 자신감으로 이어진다. '나는 실수도, 실패도 할 수 있는 사람'이라는 걸 인정하면 내 안의 두려움과 맞설 수 있다. 지금 할 수 있는 만큼 최선을 다하며 도전하고, 결과를 받아들이는 과정 속에서 우리는 앞으로 나아갈 수 있다. 실패하거나 불완전한 모습을 보이고 싶지 않은 마음이 결국 두려움에 사로잡히게 된다. 그 결과, 한 발짝도 내디딜 수 없게 되고 주저앉게 된다. 바로 이 때문에 실패를 받아들이는 힘, 즉 '실패력'이 중요한 것이다.

자잘한 실수와 실패를 누가 일찍 더 많이 경험하느냐에 따라 삶이 결정된다. 아무것도 하지 않으면 실패할 일은 절대 없겠지만 이미 그 자체로 실패한 인생이다. 전설적 아이스하키 선수 웨인 그레츠키는 이렇게 말했다.

"시도하지 않을 때마다 성공할 기회를 놓치는 것이다."

아이가 무언가에 실패했을 때 말해 주자.
"시련과 고난도 다 의미가 있어. 일단 해 봐!"
그 시간을 이겨낸 사람들은 안다. 그 시간이 얼마나 귀했는지. 아주 작은 일에도 감사하고, 힘든 순간에도 낙관할 수 있는 여유가 생긴다. 고난과 역경을 훗날 성공담의 소재로 삼는다.

1인 기업가 시대에 더욱 중요해지는 실패력

"커서 뭐가 되고 싶어?"
어른들이 아이들에게 흔히 던지는 질문이다. 유튜버, 게임 프로그래머, 로봇 박사, 요리사 등 답변은 다양하다. 그러나 예나 지금이나 변하지 않는 한 가지는 사업가가 되고 싶다는 아이들은 거의 없다는 점이다. 빌 게이츠, 스티브 잡스, 마크 저커버그 같은 창업자들을 부러워하면서도 정작 아이들이 창업자나 기업가가 되기를 바라는 부모는 드문 것이 현실이다. 자식이 위험을 떠안고 살기보 단 안정적인 직업을 갖길 바라는 게 인지상정인지 모른다. 문제는 지금 안정적이라고 여겨지는 직업, 직군이 언제 신기루가 될지 모 른다는 데 있다. 앞서 누차 강조했듯 평생직장은 사라진다. 기업의 평균수명은 줄어들고, 기업들은 변화에 재빨리 대응하기 위해 몸 집을 줄이는 추세다.

과거에는 큰 조직 안에서 주어진 일을 열심히, 실수 없이 완벽하 게 해내는 사람이 인정받았다. 그러나 기술의 발달로 하루가 다르 게 변화하는 환경 속에서 새로움, 혁신 없이는 살아남을 수 없다. 창의적인 아이디어를 내고, 구체적으로 실행에 옮기면서, 새로운 것을 만들어내는 '기업가 정신'으로 무장해야 한다.

흔히 기업가 정신은 기업가에게만 필요한 것이라고 생각하지만, 이는 큰 오해다. 기업가 정신은 더 나은 세상과 더 나은 미래를 만 들어가기 위해 반드시 필요한 요소다. 변화하는 환경 속에서 가치 를 발견하고 문제를 해결하는 능력을 길러 주며, 동시에 자신의 삶 을 주도적으로 이끌어 나가는 데 중요한 핵심 역량이기도 하다.

수명은 길어지고 고용 안정성은 점점 떨어지고 있다. 100세 시 대에 어딘가 고용된 삶보다 그렇지 않은 시간이 더 길지도 모른다.

모두가 언젠가는 '1인 기업가'가 돼야 한다. 슘페터는 "소유주나 경영자가 아니더라도 혁신적 업무 수행이 기대되는 사람을 기업가라 말할 수 있다."라고 말했다.

일자리를 스스로 만들어내야 한다. 변화를 읽고, 그에 맞춰 자기를 혁신해 나가야 한다. 새로운 것에 도전하고, 가치를 창출해 내야 한다. 모두가 기업가 정신을 갖춰야 하는 이유다.

여기서 가장 중요한 게 실패에 대한 내성이다. 실패에 대한 두려움은 몸과 마음, 뇌를 모두 긴장시킨다. 그 어떤 창조적 아이디어도 얼어붙게 만든다. 4차 산업혁명 시대에는 아이디어를 구현하는 도전 정신, 실패를 두려워하지 않는 힘을 가져야 한다. 실패 없는 혁신은 없다.

아이에게
많은 실패를 허하라

기업가 정신에서 실패력만큼 중요한 것이 실행, 행동력이다. 완벽한 결과가 예상되지 않더라도 일단 빨리 실행해 봐야 한다. 빨리 실패하고 실패한 원인을 찾아 수정한다.

"성공한 창업자들은 과감하게 결단을 내린다. 실패를 두려워하기보다 일단 한 번 진행해 나가면서 빨리 실행한다. 실패하면 다시 고치고, 다시 고치는 모습을 볼 수 있다."

20년간 실리콘밸리에서 수많은 기업의 IT 컨설턴트로 일한 윤종영 씨가 묘사하는 성공한 창업가들의 모습이다. 남들이 '미쳤다'고 해도 선택하면 행동에 옮긴다. 뚝심 있게 밀고 간다. 사실 다른 이들은 생각보다 훨씬 더 남의 일에 관심이 없다. 남의 시선을 의식하지 않을수록 성공에 가까워진다. 행동하지 않으면 실패도, 성공도, 성장도 없다.

사람은 노력해서 원하는 걸 성취하면 내적 보상을 받도록 설계돼 있다. 도전하고 성취하는 사람의 뇌에서는 도파민이 분비된다. 이 호르몬이 분비되면 기분이 좋아지고 더 의욕적으로 목표에 다가서게 된다. 생물학적 피드백 회로가 활성화되기 위해선 어린 시절 세상을 마음껏 탐험하고 도전하고 실패를 극복하는 경험이 필요하다.

과거에는 큰 물고기가 작은 물고기를 잡아먹었지만, 앞으로는 빠른 물고기가 느린 물고기를 잡아먹을 것이다. 빨리 실행하고, 실패하고, 실패 요인을 분석해 보완하고, 성공하는 경험을 쌓아야 한다. 그렇다면 아이는 이미 미래의 준비된 '1인 기업가'다.

실패는 인생을 배우는 과정일 뿐이란 걸 내 아이가 알고 살아가기를 바란다. 불확실성의 이면엔 찬란한 가능성이 있다. 완벽하지

않고, 실수하고, 실패할 수 있는 나를 기꺼이 받아들여야 한다. 그래야 세상뿐 아니라 자기 자신과의 관계 또한 잘 맺을 수 있다.

지나친 통제형 부모 밑에서 자란 아이들은 도전하지 않는다. 실패할까 두렵기 때문이다. 여기서 부모의 통제란 아이가 스스로 결정 내릴 수 없도록 하거나, 사생활을 침해하거나, 부모에게 의존하도록 하는 것 등을 말한다. 통제형 부모 밑에서 자란 아이는 누가 시킨 일, 주어진 일은 기계처럼 해내지만, 새로운 아이디어를 내고, 실행에 옮기는 능력은 낙제점에 가깝다.

부모의 통제를 받고 자란 아이들은 자신을 통제하는 힘이 외부에 있다고 느낀다. 자제력과 자율성이 부족하고 외부 환경과 외적 보상에 지나치게 의존한다. **아이가 세상이란 모험을 즐기고, 자신이 원하는 목적지에 도달하길 바란다면 실패를 허용해야 한다. 아이를 통제하고자 하는 욕구를 잠재워야 한다. 아이는 실패를 극복하면서 성장한다.**

아이가 많은 실패를 경험할 수 있도록 많은 자율성을 주자. 가능한 한 아이가 결정하고, 실행할 수 있도록 허용하자. 아이의 실패를 나의 실패로 받아들이지 않아야 한다. 멀리 보는 부모라면 더욱 그래야 한다.

마음의 스프링,
회복탄력성이 답이다

한 젊은 여성이 20대 초반에 영국에서 포르투갈로 건너가 그곳 남자와 결혼했다. 결혼 후 딸을 낳았지만, 결혼 생활은 2년 만에 끝이 났다. 이혼 후 그녀는 돈 한 푼 없는 '싱글맘'이 되어 정부 보조금에 의지해 근근이 살아야 했다. 가난과 우울증이 그녀를 짓눌렀지만, 어린 딸을 키워야 한다는 절박함은 그녀를 움직이게 했다. 그녀는 동네 카페에 앉아 글을 쓰기 시작했다. 피를 말리는 작업이었지만 완성된 동화는 열두 군데 출판사에서 거절당했다. 하지만 그녀는 포기하지 않았다.

그녀가 바로 조앤 롤링이다. 세계적인 밀리언셀러 『해리 포터』 시리즈는 그렇게 세상에 나왔다. 오늘날 그녀의 재산은 1조 원을 넘어서며, 매년 영국에서 가장 많은 기부를 하는 사람 중 한 명이기도 하다.

그리고 또 한 소년이 있었다. 가난한 집안에서 태어나 초등학교조차 다니지 못했고, 알코올 중독자인 아버지에게 학대당하며 힘겨운 어린 시절을 보냈다. 훗날 세계적인 작가가 된 그는 "나의 가난한 삶을 바탕으로『성냥팔이 소녀』를 창작할 수 있었고, 못생겼다는 놀림에서 받은 아픔을 토대로『미운 오리새끼』를 탄생시킬 수 있었습니다. 역경은 나에게 큰 복이었습니다."라고 말했다.

작가 안데르센의 이야기다. 그의 동화는 지금까지도 전 세계 수많은 아이들에게 감동과 희망을 전하며 사랑받고 있다.

이들의 공통점은 무엇일까? 바로 '회복탄력성Resilience'이다. 이 회복탄력성은 역경 속에서도 주저앉지 않고 다시 일어설 수 있는 '마음의 근력'이다. 이 힘은 AI 시대를 살아갈 우리 아이들에게 더없이 중요한 역량이다.

회복탄력성이라는 개념은 마틴 셀리그만의 저서『긍정 심리학』에서 처음 소개되었다. 이는 실패와 위기에서 바닥을 치고 다시 튀어 오를 수 있는 비인지적 능력으로, 단순한 지식이나 기술을 넘어서는 정신적 힘이다. **사람마다 회복탄력성의 정도는 다르다. 강한 회복탄력성을 가진 이는 고무공처럼 떨어진 지점보다 더 높이 튀어**

오른다. 반대로 찰흙처럼 바닥에 철퍼덕 퍼지거나 유리컵처럼 산산조각 나는 이들도 있다.

흥미로운 점은 통계적으로 유리컵에 속하는 사람이 고무공보다 두 배 이상 많다는 것이다. 그렇기에 고무공처럼 꿋꿋하게 일어서는 이들의 이야기는 더욱 특별하게 다가오고, 우리에게 감동과 영감을 준다. 이러한 회복탄력성을 키우는 방법을 고민하고 실천하는 것이야말로 우리 아이들을 위한 진정한 준비가 아닐까.

초불확실성의 시대에 부각되는 회복탄력성의 중요성

살다 보면 마냥 평탄한 8차선 아스팔트대로만 있는 게 아니다. 예상치 못하게 움푹 팬 구덩이를 만나기도 하고, 비포장도로, 비탈길, 자갈길 때론 막다른 골목을 만나기도 한다. 이때 주저앉지 않고 당당히 걸어갈 수 있는 아이라면 좋겠다.

회복탄력성이 높은 아이들은 남보다 큰 어려움을 겪을 때도 실망, 절망, 원망으로 주저앉지 않는다. 어려움 속에서도 잘될 거라는 믿음과 용기, 유연성을 잃지 않는다. 고난과 역경을 마주하는 태도가 인생을 결정한다. 쓰나미가 모든 것을 휩쓸고 지나간 자리에서도 누군가는 양손에 물통을 가득 지고 보금자리를 다시 일으킨다.

누가 행복한 삶을 누리는지는 자명하다.

초불확실성의 시대다. 경영 환경은 어느 때보다 예측 불가능하고 전 세계는 4차 산업혁명의 영향으로 점점 더 복잡하게 연결되고 있다. 수많은 일자리가 사라지고 생겨날 것이며, 사회가 요구하는 능력 또한 빠르게 변화한다. 기업들의 존속 수명은 점점 짧아지고, 오늘의 지식이 언제 쓸모없어질지 모른다. 이에 더해 전대미문의 바이러스는 언제 또 전 세계에 닥칠지 모르는 상황이다. 이전과는 전혀 다른 일상이 순식간에 '뉴노멀'로 대체될 수도 있는 미래를 우리는 이미 살고 있다. 그 끝이 어디인지 예상하기 힘든 지금, 외부 환경에 능동적으로 대처할 수 있는 '회복탄력성'의 중요성이 재조명되고 있다.

미래 변화를 예측하고, 다가올 위기를 감지하고, 상황과 환경에 유연하게 대처하는 자만이 살아남는다. 위인전 속 주인공들의 삶은 한 편의 역경 드라마와도 같다. 끊임없이 닥쳐오는 고난 속에서도 이들은 주저앉지 않았다. 중요한 것은 포기하지 않고 다시 일어나는 힘, 바로 회복탄력성이었다. 그들이 보통 사람들과 달랐던 점은 바닥을 쳤을 때 더 높이 치고 올라오는 힘이었다.

살다 보면 이게 정말 바닥인 것 같은데, 더 바닥을 칠 때가 있다. 힘들고 불운한 일들이 동시다발적으로 몰려들기도 한다. 인생의 성패는 그 지점에서 정확히 두 갈래로 나뉜다. 힘든 상황에서도 그 의미를 찾고, 감사할 거리를 찾으며 자기 길을 가다 보면 길이 열린다. 고난을 축복으로 승화시키는 힘, 바로 회복탄력성이다.

회복탄력성은
어떻게 길러지는가?

회복탄력성은 사람마다 다르지만, 다행히 노력과 훈련을 통해 얼마든지 키울 수 있다. 회복탄력성을 키우기 위해서는 특히 자기조절 능력과 대인관계 능력이 중요하다. 자기조절 능력은 어려움에 처했을 때 부정적 감정을 통제하고 긍정적 감정을 불러일으키며(감정조절력), 기분에 휩쓸린 충동적 반응을 억제하고(충동 억제력), 자신이 처한 상황을 객관적이고 정확히 파악해 대처 방안을 모색하는 능력(원인분석력)이다.

대인관계 능력은 공감 능력, 소통 능력과 같은 사회성이다. 실제 많은 연구에서 사람을 잘 사귀고 원만한 인간관계를 유지하는 사람일수록 회복탄력성이 높은 것으로 나타났다.

세상은 혼자 살아갈 수 없다. 힘들 때 내 이야기를 들어주고 진심으로 생각해 주는 존재를 통해 다시 일어날 힘을 얻는다. 실패를 극복한 이들에게서 자신에게 힘이 된 은인 이야기를 심심찮게 들을 수 있는 이유다.

아이가 친구들과 좋은 관계를 유지할 수 있도록 돕자. **인간관계의 처음과 끝은 '내가 먼저 좋은 사람이 되는 것'이다. 아이에게 남을 배려하고, 친절을 베푸는 것을 가르치자. 자신에게 상처를 주거나 해를 끼치는 친구는 거리를 두고 마음을 쓰지 않는 편이 낫다는 이야기도 잊지 않는다. 좋은 사람들만 함께하기에도 짧은 인생이다.**

『회복탄력성』의 저자 김주환 연세대 심리학과 교수는 이 두 가지 요소를 길러 주는 것이 '긍정적 감정'이라고 설명한다.

> "긍정적 정서를 키우면 행복감이 높아져 자기조절 능력이 강해지고, 대인관계 또한 좋아진다."

감정은 습관이다. 의식적으로 긍정적인 사고를 꾸준히 연습하다 보면, 뇌의 긍정적 회로가 활성화되어 자연스럽게 긍정적인 사고방식이 자리 잡게 된다. 타인의 시선에서 벗어나 비교하지 않고 일상 속에서 자신의 강점에 초점을 맞춰 보자. 유머 감각도 회복 탄력성에 큰 도움이 된다. 부정적인 상황에서 가벼운 유머를 구사하면 부정적인 감정에서 한 걸음 빠져나올 수 있다.

아이와 서로 웃기기 놀이를 하면서 유머 감각을 키워 보자. 좋아하는 운동이나 악기 연주 등 취미활동을 하거나, 봉사 활동 같은 이타적 행동 역시 부정적인 감정을 긍정적으로 바꾸는 좋은 방법이다.

또 하나, 긍정성을 높이는 가장 빠르고도 강력한 방법이 '감사하기'다. 감사의 힘은 엄청나다. 모든 게 끝난 듯한 상황에서도 감사할 뭔가를 찾는 사람은 긍정성을 잃지 않는다. 그 자리에서 할 수 있는 것부터 다시 시작한다. 어두울수록 빛에 초점을 모은다.

오늘부터 '우리 가족 감사 시간'을 만들어보자. 잠자기 전이나 식사 시간에 하루 중 감사했던 일을 함께 나누는 것이다. 나를 웃게 했던 일, 가슴이 따뜻해졌던 일들을 떠올리면 된다. '함께 밥 먹을 수 있어서 감사합니다'와 같은 사소한 것이면 충분하다. '우리 가족 감사 노트'를 만들어 기록으로 남기는 것도 좋다. 서로를 더 알아가고, 긍정적인 감정을 함께할 수 있다. 훗날 그 감사의 기록들은 아이가 역경을 헤쳐나갈 때 가슴속 든든한 지원군이 되어줄 것이다.

가족이 함께할 수 있는 취미를 만든다거나 음식을 함께 만들어 먹으면서 시간을 보내는 것도 좋다. 가족이 함께 모여 먹고, 마시고, 웃고, 떠들고, 부둥켜 끌어안고 뒹구는 시간은 무엇과도 비교할 수 없는 '평생 긍정 자산'으로 남는다. 그저 흘려보내는 아까운 시간이 아니다. 이는 비단 자녀의 긍정, 낙관성, 회복 탄력성만을 위함이 아니다. 100세 시대에 자녀와의 긍정적 유대감은 노년의 행복 지수와도 직결되는 요소다.

아이들이 어릴 땐 모든 부모가 바쁘다. 놀아 달라고, 이것저것 요구하는 아이들에게 '나중에, 다음에' 하다 보면 어느새 아이가 바쁘다. 부모 자식 관계도 서로 좋아해야 자주 보고 싶고 찾게 된다. 아이가 품 안에서 떠나기 전에 부모의 매력에 흠뻑 빠지도록 사랑을 표현하자.

무엇보다도 아이의 회복탄력성은 부모의 태도에 가장 큰 영향을 받는다. 회복탄력성을 키우는 100가지 지침보다 부모가 좋은 본보기를 보이는 게 최고다. 우리 아이 회복탄력성을 탄력 있는 탱탱볼처럼 키우려면 부모부터 긍정적 사고로 무장하자. 힘들 때 낙담하거나 포기하지 말고 담대하게 헤쳐나가는 모습을 눈에 담아 주자. 자주 웃고, 유머를 잃지 않으며, 풍요로운 인간관계를 맺자. 세상 만물 살아 있는 것들, 아름다움에 감탄하고 감사하자. 행운의 네 잎 클로버를 찾아 헤매다 꽃밭에 널린 세 잎 클로버를 지나치지 말자.

세 잎 클로버의 꽃말은 '행복'이다. 부모가 소소한 행복을 많이 느끼면 아이들도 자연스레 그게 행복인 줄 알게 된다. 아이는 언제든 찾아들 시련이나 스트레스, 문제들도 잘 헤쳐나갈 것이다.

하버드대 의학박사이자 심리학자인 조앤 보리센코Joan Borysenko가『회복탄력성이 높은 사람들의 비밀』에서 권하는 열 가지 조언을 들어보자. 한 번쯤 들어본 이야기지만 중요한 건 실천이다.

1. 과거를 바꾸려고 애쓰지 마라. 미래를 창조하는 데 에너지를 전부 쏟아라.

2. 회복 탄력적 사고를 하라. 현실을 직시하고 수용하라.

3. 피해 의식을 즉시 버려라. 원한을 버리고 자신의 힘을 되찾으라.

4. 규칙적으로 운동하라. 스트레스는 뇌를 수축시킨다. 적절한 운동을 시작함으로써 흐름을 전환할 수 있다. 이에 대해 절대적 믿음을 가져라.

5. 앉아만 있지 말고 무언가를 하라. 낙관적 현실주의자는 행동을 취한다. 반면 막연한 희망적 사고는 가망이 없다.

6. 무작정 하지만 말고 앉으라. 명상은 이완 반응을 이끌어 냄으로써 스트레스를 줄여 준다. 또한 더 나은 미래를 만들 수 있는 방법은 임시변통하는 데 필수적인 우뇌 사용을 촉진한다.

7. 인생에 적극적으로 뛰어들어라. 소외와 고립은 스트레스와 우울을 낳는다. 만약 우울증에 걸렸다면 즉시 의학적 도움을 구하라.

8. 흐름을 전환하라. 다른 사람을 도우면 자신만의 문제에 집착하지 않게 된다. 그리고 스스로를 치유하고, 영감을 주고, 인생에 의미를 더해 주는 기분 좋은 호르몬들이 분비된다.

9. 하루를 마무리할 때마다 고마워해야 할 새로운 일을 한 가지씩 생각해 보라. 감사하는 마음과 긍정적인 감정들은 회복탄력성을 높여 주고 더 마음씨 넓고 관용적인 사람이 될 수 있도록 돕는다.

10. 친구와 소통하라. 친구와 함께 긍정적이고 적극적인 변화들을 만들어 가면서 서로 힘이 되어주어라.

나의 회복탄력성 점수 알아보기

내 아이의 회복탄력성은 얼마일까?

회복탄력성 자가테스트해 보기(자녀가 직접 풀어보도록 해 보세요.)

> 1=전혀 아니다. 2=아니다. 3=보통이다. 4=그렇다. 5=매우 그렇다
> 올바른 답이 아니라 자신의 모습이나 생각과 가장 일치하는 답변
> 을 고르세요.

1. 나는 목표가 정해지면 시간이 오래 걸려도 꾸준히 해나간다. ( )

2. 나는 한 번 시작한 일은 끝까지 해낸다. ( )

3. 나는 한 번 실패했더라도 포기하지 않고 다시 시도한다. ( )

4. 나는 내 감정을 잘 다스릴 수 있다. ( )

5. 나는 기분이 나빠져도 마음만 먹으면 괜찮아질 수 있다. ( )

6. 나는 스트레스를 받아도 짜증 내지 않고 차분한 마음을 유지할 수 있다. ( )

7. 나는 행복한 사람이다. ( )

8. 나의 성격은 긍정적이다. ( )

9. 나는 내 삶이 가치 있다고 생각한다. ( )

10. 나는 마음만 먹으면 다른 사람의 호감을 얻을 자신이 있다. ( )

11. 나는 처음 만난 사람에게도 신뢰감을 줄 수 있다. ( )

12. 나는 다른 사람의 마음을 잘 이해할 수 있다. ( )

13. 내가 어려운 일을 당한다면, 나를 도와줄 친구들이 많다. ( )

14. 나는 힘들 때 의지할 수 있는 친구가 있다. ( )

15. 심심하거나 우울한 기분이 들 때 내 이야기를 들어줄 친구가 있다. ( )

16. 나는 많은 사람 앞에서 자신 있게 발표할 수 있다. ( )

17. 나는 갑작스럽게 발표를 해야 하는 상황에서도 떨지 않고 잘할 수 있다. ( )

18. 나는 친구들을 잘 설득할 수 있다. ( )

회복탄력성은 자기조절 능력, 대인관계 능력(공감능력), 낙관성, 이렇게 세 가지 요소로 구성됩니다. 1~9번 문항은 '자기조절 능력'. 평균은 합산 30점, 37점은 백분위 90% 이상으로 높은 수준, 25점 이하는 백분위 20% 이하로 낮은 수준입니다.

10~18번 문항은' 대인관계 능력'. 평균은 31점, 39점은 백분위 90% 이상으로 높은 수준, 26점 이하는 백분위 20% 이하로 낮은 수준입니다.

우리나라 청소년 회복탄력성 점수의 평균은 합산 61점입니다. 70점 이상이면 백분의 80% 이상으로 높은 편이고, 75점 이상이면 백분위 90% 이상으로 매우 높은 편입니다. 52점 이하는 백분위 20% 이하로 낮은 편이고, 47점 이하면 백분위 10% 이하로 매우 낮은 편입니다.

☆자료 : 서울시교육청(연세대학교 김주환 교수팀 개발)

진심이 통할 때,
세상도 움직인다

인공지능 변호사는 인간 변호사보다 더 빠르고 정확하게 수천 건의 판례를 분석하고 서면을 작성할 수 있다. 하지만 의뢰인을 직접 만나 이야기에 귀 기울이고, 힘든 상황을 공감하며 함께 고민하는 것은 인간 변호사만이 할 수 있는 일이다. 인공지능이 암을 진단하고, 로봇이 수술을 인간보다 더 잘할 수 있을지도 모른다.

그러나 수술의 위험과 결과에 대해 환자와 교감하며 대화하는 것은 인간 의사의 몫이다. 지식을 효율적으로 전달하는 강사의 역할은 로봇이 대신할 수 있겠지만, 학생들의 고민을 듣고 위로하며 정서적 멘토로서 인간적 성장을 돕는 스승의 역할은 대체할 수 없다. 사람과 사람 사이의 마음을 나누는 영역은 인공지능이 대신할 수 없으며, 설령 인공 '마음'이 등장한다 해도 그 한계는 분명하다.

특히 4차 산업혁명 시대에는 기업들이 빠른 변화에 유연하게 대응하기 위해 대규모 수직적 조직에서 벗어나 '프로젝트성 조직'을 늘리고 있다. 공동 목표를 신속히 달성하려면 끊임없는 소통과 협업이 필수적이다. 이 과정에서 반드시 필요한 것이 바로 '공감' 능력이다. 특히 리더라면 조직원들의 입장을 이해하고 중재하는 윤활유 역할을 해야 하므로, 공감 능력의 중요성은 두말할 나위가 없다.

자기만 알고 자기주장만 내세우는 사람이라면 아무리 실력이 뛰어나도 함께 일하고 싶지 않을 것이다. **공감은 생각의 폭과 깊이를 키운다. 다른 사람의 마음을 읽고 상황을 이해하면 '다름'을 존중하게 되고, 이로부터 새로운 생각과 관점이 탄생하며 혁신이 이루어진다. 결국, 공감 능력은 창의성의 원천이기도 하다.**

충만하게 살기 위한 방식, 공감

'공감'이라는 개념은 19세기 말 독일어 'Einfühlung'에서 나왔다. ein(안에서)과 fühlen(느끼다)이 결합한 단어로, '안으로 들어가서 느끼다'라는 의미다. 다른 사람의 감정을 내 안으로 들여 기쁨과 슬픔,

행복, 두려움 등의 감정을 마음으로 느끼는 것이다.

세계적인 미래학자 다니엘 핑크Daniel Pink는 저서『새로운 미래가 온다』에서 '공감은 타인의 신발에 내 발을 넣어봄으로써 느끼는 그 발의 체온'이라고 표현했다. 맹자가 말한 '사단'과도 닮았다. 남을 측은하게 여길 줄 알고(측은지심), 잘못을 부끄러워하고(수오지심), 양보하고(사양지심), 옳고 그름을 가릴 줄 아는 능력(시비지심)이다.

문명비평가 제레미 리프킨 교수는『공감의 시대』에서 '인간이 세계를 지배하는 종이 된 것은 가장 뛰어난 공감력을 가졌기 때문'이라고 주장한다. 공감을 통해 인간은 다수에게 효율적이고 이로운 시스템을 만들었고, 문명의 발전을 거듭해 왔다는 것이다. 이런 인간을 그는 '호모 엠파티쿠스Homo Empaticus', '공감하는 인간'이라 명명하면서 이렇게 단언했다.

"인류의 역사를 주도하는 가장 강력한 에너지는 공감이며, 미래는 확실히 '공감의 시대'가 될 것이다."

AI가 아무리 발전해도, 사람의 마음을 어루만지고 인간다움을 지켜주는 것은 오직 공감에서 비롯된다.

평판이 곧 자산인 '연결사회'에서 공감 능력은 일종의 '절대 반지'와도 같다. 공감 능력이 뛰어난 사람들은 본능적으로 다른 이들을 끌어당기는 방법을 안다. 인기 연예인이나 인플루언서들은 예외 없이 공감 능력이 뛰어난 경우가 많다. 반면, 공감 능력이 부족하면 운 좋게 찾아온 기회도 오래 지속되지 못한다. 부적절한 언행 하나로 하루아침에 쌓아 올린 공든 탑을 무너뜨릴 수도 있다.

정보 유통이 제한적이던 과거에는 공감 능력을 '연출'하는 것이 가능했지만, 지금은 유명인의 말 한마디 한마디가 실시간으로 기록되고 공유된다. 정보는 순식간에 퍼지며, 한 번 퍼진 내용은 지워지지 않는다. 공감 능력의 부재는 언제 터질지 모르는 폭탄을 품고 사는 것과 같다. 지금 당장은 문제가 되지 않더라도, 언젠가 부메랑처럼 돌아올 가능성을 배제할 수 없다.

공감은 더 나은 세상을 만드는 출발점이다. 이를 몸소 실천한 사람이 바로 '공감 행동주의의 선구자'라 불리는 디자이너 패트리샤 무어Patricia Moore다. 20대였던 그녀는 여든 살의 노파로 분장하고 3년 동안 미국 여러 도시를 돌아다니며, 노인으로 살아가는 세상의 모습을 직접 체험했다. 20대의 몸이라면 10분도 걸리지 않을 거리를 노인의 모습으로는 한 시간이 걸렸다. 식당 문을 열거나 식품점에서 시리얼 상자를 꺼내는 단순한 일조차 노인에게는 큰 도전이었다. 이러한 체험을 바탕으로 그녀는 노인의 삶을 획기적으로 바꾸는 제품들을 개발했고, 다음과 같은 메시지를 남겼다.

"공감은 자신의 관심사가 모든 관심사가 아니며, 자신의 필요사항이 다른 모든 사람의 필요사항이 아니라는 사실을 끊임없이 깨닫는 것이다. 나는 공감이 최대한 충만하게 살기 위한 방식, 끊임없이 발전하는 방식이라고 본다. 공감은 당신이 스스로 가두어 놓은 울타리를 열어젖히고 나가, 새로운 체험을 하게 만들기 때문이다."

사티아 나라야나 나델라Satya Narayana Nadella, 마이크로소프트MS의 최고경영자CEO는 '공감 경영'의 대표적인 사례로 꼽힌다. 한때 침체에 빠져 있던 MS를 세계 시가총액 1위 기업으로 탈바꿈시킨 것도 그의 뛰어난 공감 능력이 밑바탕이 되었다.

나델라가 CEO로 취임한 2014년, MS는 심각한 위기를 겪고 있었다. 기술의 중심축이 PC에서 모바일로 옮겨갔지만, MS는 모바일 시장에서 뚜렷한 입지를 갖추지 못했다. 스마트폰 시장은 애플이, 안드로이드 시장은 구글이 장악한 상태였고, MS가 강세를 보였던 태블릿 PC마저도 애플과 삼성에 밀려난 상황이었다. 내부적으로는 사내 정치와 불화가 심각해 조직의 결속력이 약해져 있었다. 이 때문에 스티브 발머의 퇴임 이후 후임 CEO를 물색하던 시기, 블룸버그는 '아무도 MS의 CEO가 되고 싶어 하지 않는다'라고 비꼬기도 했다.

나델라는 취임 직후부터 직원들을 개별적으로 만나 이야기를 경청하며 조직 문화의 변화를 모색했다. 그는 직원들에게 조직의 발전이 곧 개인의 발전으로 이어질 것이라는 확신을 심어주며 협력을 독려했다. 또한 2016년에는 경쟁사였던 리눅스를 향해 "MS는 리눅스를 사랑합니다!"라는 파격적인 메시지를 내놓으며 협력의 손길을 내밀었다. 더 나아가, 애플과 구글의 플랫폼에서도 사용 가능한 오피스 앱을 개발하며 경쟁보다는 협업을 선택하는 전략을 취했다.

그가 처음부터 뛰어난 공감 능력을 지닌 것은 아니었다. MS 입사시험에서 면접관이 "아이가 울고 있다. 어떻게 하겠나?"라고 묻자, 나델라는 "911(미국의 119)에 전화를 걸겠다."고 답했다. 면접관은 이에 대해 '먼저 안아서 달래야 하지 않겠냐?'며 공감력이 부족하다고 지적했고, 이 일화는 널리 알려졌다.

그러나 그의 공감 능력을 키운 결정적인 계기는 중증 장애를 가진 첫 아들 때문이었다. 휠체어 없이는 목조차 가누기 힘든 뇌성마비 아이를 키우며, 나델라는 부모로서뿐만 아니라 한 인간으로서도 깊은 성숙을 경험했다.

"자인을 키우면서 나는 매일 아침 공감 능력을 끌어내야 했다. 라틴 아메리카 출신을 만나든, 중동 출신을 만나든 늘 사람들의 사고방식과 생각, 그리고 감정을 이해하기 위해 노력한다. 상대방의 깊은 마음을 이해하고 싶다는 열망 덕분에 더 나은 리더로 성장할 수 있었다. 공감은 다양한 가치를 지닌 직원들을 융화시키고, 또 소비자를 이해하는 데도 필수적이다. 공감 능력이야말로 리더의 가장 중요한 덕목이다."

공감의 자원은 경험이다. 나델라도 아들이 겪는 고통을 경험하지 못했다면 타인의 마음을 지금처럼 헤아리지 못했을 것이다.

공감 능력을 키우는
세 가지 방법

문제는 공감 능력을 키울 수 있는 환경이 점점 열악해진다는 데 있다. 디지털 세상에서 우리는 전 세계 누구와도 항상 연결돼 있다. 그렇지만 감정 교류와 소통 기회는 줄어들어 공감 능력을 키우기가 쉽지 않다. 셰리 터클Sherry Turkle 매사추세츠공대MIT 교수는 『대화를 잃어버린 사람들』에서 '피상적인 연결을 대화로 착각해선 안 된다'고 말한다.

"테크놀로지가 공격하는 대상은 우리의 공감인 듯하다.

휴대전화는 침묵할 때도 대화를 억압한다. 주위에 휴대전화가 보이기만 해도 유대감과 상대에 대한 집중력은 약화된다."

특히 부모들이 자녀와 함께 있을 때 스마트폰에 빠져 있다면 아이들 역시 대화할 줄 모르고 공감 능력을 갖추지 못하게 될 것이라 경고한다. '온택트' 시대엔 온라인과 오프라인의 황금비율을 찾아야 한다.

과도한 경쟁도 공감력을 저해하는 하나의 요인이다. 옆에 있는 친구를 이겨야 내가 올라서는 분위기에선 공감 능력을 키우기 어렵다. 타인은커녕 자기감정조차 이해하고 조절하는 방법도 익히지 못하는 게 우리 현실이다. 교과서, 문제집과 소통해선 공감 능력을 기르지 못한다. 오죽했으면 '기쁨을 나누면 질투와 시기가 되고, 슬픔을 나누면 약점이 된다'는 말이 나왔을까.

아프리카 수백 개 부족이 사용하는 말 중에 '우분투Ubuntu'란 단어가 있다. 이는 '당신이 있어 우리가 있다'는 뜻이다. 바구니 속 사탕을 맨 처음 도착한 사람이 모두 가지는 게임에서, 아프리카 아이들은 모두 함께 손을 맞잡고 달린다. 이 정신을 깊이 품고 있는 것이다. 경쟁에 지친 교실을 치유하고 '함께 가자'고 말하는 아이는 이미 공감의 달인이다.

1. 아이의 감정을 잘 읽어 준다

아이의 공감 능력을 키워주려면 먼저 아이의 감정을 잘 읽어주는 것이 중요하다. 부모로부터 충분히 공감을 받았던 아이는 그 경험을 바탕으로 다른 사람의 감정을 이해하고 받아들인다. 아이의 감정을 알아차리기 위해서는 아이의 말에 귀를 기울이고, 세심하게 관찰해야 한다.

어른도 비슷한 경험을 한다. 어려운 시기에 어떤 조언이나 충고보다 묵묵히 들어주는 친구가 큰 힘이 된다. 부모가 아이의 감정을 잘 읽어 주면, 아이도 그렇게 건강한 어른이 될 수 있다. 자기 감정을 소중히 여길 수 있어야 다른 사람의 감정도 소중히 다룰 수 있다.

하지만 아이의 감정을 읽는 데만 집중해 잘못된 행동을 내버려 둬서는 안 된다. 예를 들어, 아이가 동생을 때리고 화가 나 있을 때, 먼저 그 감정을 읽어준다. "동생이 물건을 망가뜨려서 화가 났구나." 그런 다음 잘못된 행동을 바로잡아야 한다. "그렇다고 동생을 때리는 건 잘못된 거야."라고 말하는 것이다. 또한 아이에게 부정적인 감정과 긍정적인 감정 모두가 소중하다는 것을 알려 주면 좋다. 다양한 감정 덕분에 우리 마음의 색깔이 풍부해지며, 그만큼 타인의 마음도 깊이 읽을 수 있다.

2. 상대방 관점에서 생각해 보는 훈련을 한다

상대방 입장에서 생각해 보는 연습을 한다. 나는 네가 되고, 너는 내가 되어 보면 삶의 다양한 문제들이 더 쉽게 풀린다.

'저 사람이 왜 그런 말을 했을까?', '내가 그 사람이라면 마음이 어땠을까?', '그 사람에게 나는 어떤 사람이었을까?'

타인의 마음에 다가가는 길을 끊임없이 내는 것, 이것이 바로 공감이다. 사람에 대한 깊은 관심이 공감 능력을 키운다. 일상 속에서 아이에게 자주 질문해 보자. "네가 그 친구라면 마음이 어떨 것 같아?" 단, 상대방의 의견에 무조건 동의하는 것이 공감은 아니라는 점을 알려 주는 것이 중요하다.

3. 아이에게 다양한 경험을 선물한다

직접 경험해 보면 비슷한 처지에 놓인 타인의 감정을 유추하는 것이 훨씬 수월하다. 부지런히 경험하고 새로운 것을 시도하는 이유가 바로 여기에 있다. 추운 겨울 쪽방촌에 도시락을 배달한 아이는 자연스럽게 사회적 약자를 이해하고 배려하게 된다. 아프리카 친구에게 기부하고 편지를 쓴 아이는 세상에 대한 이해의 폭이 그만큼 넓어진다. 독서와 같은 간접 경험도 공감 능력을 키우는 좋은 방법이다. 책을 읽으면서 아이와 인물들의 감정을 유추하거나 역할극을 해 보는 것도 효과적이다. 인공지능이 아무리 진화하더라도 마지막까지 인간을 대체하지 못하는 분야는 인간의 감성, 공감 영역이다. 이는 지금까지도 많은 존경을 받는 유한양행 고(故) 유일한 박사가 남긴 격언이다.

> "눈으로 남을 볼 줄 아는 사람은 훌륭한 사람이다. 그러나 귀로는 남의 이야기를 들을 줄 알고, 머리로는 남의 행복에 대해 생각할 줄 아는 사람은 더욱 훌륭한 사람이다."

공감해 주는 사람에게는 특별한 마력이 있다. 그저 함께하고 싶고, 나누고 따르고 싶다. 똑똑해서 바른말만 하는 사람보다 가슴이 따뜻한 아이였으면 좋겠다. 친구에게 먼저 다가가 마음의 안녕을 묻고, 기쁨과 슬픔, 고통, 두려움을 귀와 머리, 가슴으로 느끼는 아이라면 준비된 미래 인재다.

디지털 시대, 인성 교육이 절실한 이유

디지털 시대에서 평판은 곧 자산이다. 과거에는 범죄를 저지르고 다른 나라로 이민을 가 새 삶을 시작하는 것이 가능했다. 이른바 '과거 세탁'이 가능했던 시절이었다. 하지만 이제는 다르다. SNS

와 유튜브를 통해 사람을 찾는 것이 어려운 일이 아니다. 인터넷과 SNS는 사람의 과거를 생생하게 기록하고, 실시간으로 퍼뜨린다. 이제 '올바른 행동'과 '공감'은 단순히 관계를 위한 덕목을 넘어, 디지털 시대에서 성공적인 삶을 위한 필수 조건이 되었다.

기업들도 사람을 채용할 때 기술적 역량뿐만 아니라 평판을 중시한다. 일은 결국 사람들 간에 이루어지는 것이기에, '된 사람'인지 아닌지 보는 것은 자연스러운 일이다. 아무리 뛰어난 실력을 갖추고 있어도 인성이 부족하면 함께 일하고 싶지 않다. 그런 사람이 한 명이라도 있으면 팀 분위기가 흐려지기 때문에, 구글과 같은 글로벌 기업은 인성이 부족한 사람을 무조건 걸러낸다. 조직에 해를 끼칠 수 있기 때문이다.

이제는 혼자서 모든 것을 해내기 어려운 시대가 되었다. 르네상스 시대 이후 축적된 방대한 지식은 19세기와 20세기를 지나며 점점 더 세분화되고 전문화되었다. 기술의 발전은 이러한 전문성을 더욱 세분화시키는 한편, 각 분야 간의 경계를 단절시키는 부작용을 낳기도 했다. 이제는 서로 다른 분야를 아우르고 융합할 수 있는 통섭형 인재가 필요한 시점이다. 그러나 실제로 자신의 분야 하나 제대로 파는 것조차 쉽지 않다. 해결해야 할 문제는 점점 더 복잡해지고, 전문가들은 자기 목소리만 높인다. 이러한 갈등 속에서 다양한 가치를 조율하고, 서로 다른 개성을 조화롭게 연결하는 인성은 이제 경쟁력이자 실력으로 자리 잡고 있다.

인성은 단순히 성공을 위한 핵심 역량에 그치지 않는다. 인류의 미래를 결정짓는 요소다. 학자들은 각기 다른 미래 전망을 제시하지만, 그 흐름은 크게 두 가지로 나뉜다.

첫째, 극단적 불평등 사회가 도래할 것이라는 전망이다. 극소수의 혜택을 누리는 자들과 노동에서 소외된 대다수의 인간이 구별되는 사회가 펼쳐질 것이라는 것이다.

둘째, 모든 인간이 과학과 기술의 혜택을 공유하는 유토피아를 꿈꾸는 전망이다. 우리는 지금 이 두 갈림길에 서 있다. 만약 배려와 책임을 배우지 못한다면, 인류는 암울한 미래를 맞이할 것이다. 가족, 사회, 국가, 나아가 세계라는 공동체에 대한 책임과 배려 없이는 공존이 불가능하다.

우리나라는 세계 최초로 '인성교육진흥법'을 시행하고 있다. 국가와 지자체, 학교에 인성 교육 의무를 부여하는 이 법은 인성 교육을 중요하게 다루고 있다. 이 법에서 정의한 인성 교육은 '내면을 바르고 건전하게 가꾸며, 타인과 공동체, 자연과 더불어 살아가는 데 필요한 성품과 역량을 기르는 교육'이라고 명시하고 있다.

핵심 가치는 '예, 효, 정직, 책임, 존중, 배려, 소통, 협동' 여덟 가지로 정의된다. 쉽게 말해, 남과 더불어 잘 살 수 있는 역량을 기르는 교육이다. 인성 교육을 법으로 시행해야 한다는 생각이 들 수도 있지만, 그만큼 절실하다는 의미로 받아들여야 할 것이다.

하지만 인성 교육은 점점 더 어려워지고 있다. 맞벌이 가정이 늘어나고, 아이들은 대부분 학원에서 시간을 보내고 있다. 경쟁도 매우 치열하다. 더불어 살기 전에 나 하나 살아남기 바쁜 현실에서, 인성 교육의 중요성을 잊지 않도록 해야 한다.

유대인이 자녀교육에서 가장 중요하게 생각하는 것

"많은 사람이 지식을 가지고 잠시 성공한다. 몇몇 사람들이 행동을 가지고 조금 더 오래 성공한다. 소수 사람이 인격을 가지고 영원히 성공한다."

전 세계 최고 리더십 전문가 존 맥스웰John C. Maxwell의 말이다. 결국엔 인성 좋은 사람이 성공한다. 주변에 보면 유난히 인복 많은 사람이 있다. 실력이 특별히 뛰어난 건 아닌데, 늘 그를 아끼고 끌어주는 우군들이 곳곳에 자리 잡고 있다. 그런 사람들은 백이면 백, 인성이 좋다. 늘 자기를 낮추고 겸손하며, 타인을 배려하고 존중한다. 남 탓을 하지 않고, 타인의 기쁨을 진심으로 축하한다. 그러니 누구나 좋아할 수밖에 없다. 인성 좋은 아이는 세상이 먹여 살린다는 옛말은 지금도 유효하다.

자녀교육에 열과 성을 다하는 유대인이 자녀를 키울 때 지향하는 인간상이 있다. 바로 '멘쉬Mensch'다. '멘쉬'는 한마디로 잘라 정의하긴 어렵지만 훌륭한 인성을 갖고, 옳은 일을 행하며, 세상에 선한 영향력을 끼치는 사람을 일컫는다.

'멘쉬'는 사회적인 성공과는 별개다. 부자든 가난하든, 지위가 높든 낮든 상관없이, 누구든 '멘쉬'가 될 수 있다. '멘쉬'는 정직하고, 겸손하고, 도덕적일 뿐 아니라 어렵고 약한 자를 돕는 데 힘쓴다. 유대인 부모는 자녀를 한 명의 '멘쉬'로 길러내기 위해 삶에서 모범을 보인다. 기부와 자원봉사를 생활화하고, 자녀들에게도 함께할 것을 권한다. 이 모든 행동은 아이에게 그대로 전해진다.

가정에서 시작되는 인성 교육 일곱 가지

1. 부모가 롤모델이 되어야 한다

아이의 인성은 가정에서부터 시작된다. 부모는 아이가 처음 만나는 세상의 축소판이자 가장 강력한 롤모델이다. 정직, 책임감, 존중, 배려와 같은 중요한 가치는 특별한 수업이 아니라, 부모가 일상에서 보여주는 작은 행동들을 통해 자연스럽게 전해진다.

예를 들어, 길을 걷다 버려진 쓰레기를 주운 부모의 모습은 아이에게 책임감과 공동체 의식을 가르친다. 아이가 "왜 주웠어요?"라고 물었을 때, 부모가 "깨끗한 동네를 만드는 건 모두의 책임이야."라고 대답하면, 이 짧은 순간이 아이의 내면에 오랫동안 남는다. 식당에서 거스름돈을 잘못 받은 부모가 "거스름 돈을 더 주셨네요."라며 정직하게 돌려주면 아이는 정직과 신뢰의 가치를 배운다.

청소년 상담가들의 이야기에 따르면, 문제를 겪는 학생들 대부분이 문제를 안고 있는 가정 환경에서 자라고 있다는 공통점을 보인다는 것이다. 부모의 말, 행동, 표정, 생각이 아이에게 그대로 전달되기 때문이다.

"당신이 하는 일이 늘 그렇지.", "내 팔자야, 당신 만나고 인생 제대로 꼬였어."

매일같이 서로를 비난하고 무시하는 부모 사이에서 아이는 존중하고 배려하는 모습을 배우기 어렵다. 설사 배우자가 밉더라도 아이가 듣는 데서만큼은 '참을 인忍'자를 새겨 보자.

2. 아이를 대등한 인격체로 대한다

가정은 아이가 존중과 배려를 배우는 첫 번째 공간이다. 부모가 서로를 존중하고 배려하는 모습을 보이는 것은 아이의 정서적 밑거름이 된다. 식사 후 배우자에게 "정말 맛있었어. 고마워."라고 말하는 간단한 표현도 아이에게 감사와 존중의 가치를 자연스럽게 가르친다. 부모가 아이와 대화할 때 그의 의견을 존중하고 진심으로 귀기울이는 태도 역시 아이의 자존감을 키우고 타인을 배려하는 태도를 배우게 한다.

예를 들어, 가족회의에서 아이의 의견을 묻거나 "오늘 입을 옷을 네가 골라 볼래?"와 같은 질문을 통해 아이는 자신의 결정이 중요하다는 경험을 하게 된다. 이러한 작은 실천은 독립적인 판단력과 자신감을 키우는 데 도움을 준다. 서로 존중하고 믿고 지지해 주는 가정에서 자란 아이는 자기를 귀하게 생각하는 만큼 타인을 존중하고 배려할 수 있다.

3. 인사는 인간관계의 시작이다

부모의 좋은 습관은 아이에게 대물림된다. 하루에 열 번을 만나도, 눈빛만 마주쳐도 인사하자. 모두가 좋은 인연이 된다. 기왕이면 인사할 때 진심을 담아 웃는 얼굴로 하자. 대충, 건성으로 하는 건 다 티가 난다. 인사는 사소하지만 큰 차이를 만든다.

실제 한 방송에서 한 사람이 양손 가득 짐을 들고 엘리베이터에 탄 뒤 내릴 때 짐을 떨어뜨리는 실험을 했다. 인사하지 않았을 땐

12명 중 단 3명만이 도왔으나, 인사를 나눈 집단에선 9명이 도왔다. 집에 사람이 들고 나도 아이들이 얼굴 한 번 안 내미는 집이 있다. 인성 교육에 빨간불이 켜진 신호다. 지금부터 마음을 담아 눈을 보며 인사하자. 돈 안 드는 확실한 투자다.

4. 밥상머리 교육이 효과적이다

유대인은 매주 안식일마다 모든 일을 멈추고 가족과 시간을 보낸다. 함께 먹고, 마시고, 대화하며, 그 시간이 단순히 배를 채우는 자리가 아니라 서로의 마음을 읽고, 어루만지며, 영혼을 치유하는 안식처가 된다. 밥상에선 가능한 한 잔소리를 하지 않는 것이 좋다. 그러나 식사예절 교육은 어릴 때부터 시작해야 한다. 먹기 전엔 "잘 먹겠습니다.", 먹은 후엔 "잘 먹었습니다."를 외쳐 감사의 마음을 표현하도록 하자. 정성껏 차린 밥상에 대한 감사는 그 자체로 중요한 예의다.

복 있게 잘 먹는 모습은 누구에게나 호감을 준다. 어떤 음식이든 감사히, 맛있게, 즐겁게 먹는 습관을 기르도록 하자. 아이가 반찬 투정을 할 때는 단호히 대처해야 한다. '먹기 싫다'는 말에는 밥그릇을 치우고 간식도 금지해야 한다. 남기지 않는 습관 역시 중요하다. 밥과 반찬이 식탁에 오르기까지 얼마나 많은 사람의 노고가 있었는지 알려 주면 그 의미를 더욱 잘 이해할 수 있다.

5. 정직은 나를 지키는 힘이다

거짓말은 거짓말을 낳고, 결국 습관이 된다. 유명 인사들이 순간을 모면하려 거짓 해명을 하다가 회복할 수 없는 상황에 빠지는 모습을 종종 본다. 부부 사이에서도 거짓말을 일삼아 신뢰가 깨지고, 현실이 막장 드라마처럼 변할 때도 있다. 신뢰는 한 번 잃으면 다시 회복하기 어려운 소중한 것이다. 큰 자리는 믿을 수 있는 사람에게 주어져야 한다. 하늘을 우러러 한 점 부끄럼 없이 사는 삶은 결국 자기 삶을 고귀하고 품위 있게 만드는 길이다.

평소 아이 앞에서 거짓말하는 모습을 보이지 말자. 어쩔 수 없는 상황이라면 솔직하게 양해를 구하는 것이 낫다. 아이가 거짓말을 할 때는 단호하게 혼을 내되, 그와 동시에 솔직하게 말할 수 있도록 수용적인 태도를 보이는 것이 중요하다. 부모가 너무 무섭다면 아이는 잘못을 숨기려 할 수 있다. 잘못을 고백한 아이에게는 "솔직하게 말해줘서 고마워."라고 말해 주자.

6. 책임감을 길러 준다

간혹 성인이 되어도 자립하지 못하는 사람들이 있다. 그 원인 중 하나는 지나친 간섭과 과잉 보호이다. 아이가 스스로 결정하고 책임지는 경험을 할 수 있도록 믿고 기다려 주어야 한다. 그렇게 해야 부모의 품을 떠나 스스로 자신의 짐을 질 수 있는 어른으로 성장할 수 있다.

아이의 책임감을 기르기 위한 가장 쉬운 방법은 집안일을 돕도록 하는 것이다. 가지고 놀던 장난감을 정리하고, 설거지통에 그릇을 두거나 수저를 놓고, 빨래통에 옷을 넣으며, 장을 본 후 과자 한 봉지를 들게 하는 것이다. 아이는 부모를 도우면서 자신이 집안에서 필요한 존재라는 뿌듯함을 느낀다. 이런 경험은 아이가 성장하면서 책임감을 갖게 하는 중요한 정서적 기초가 된다.

7. 발달 수준에 따른 적절한 행동을 가르친다

아이의 발달 수준에 맞는 행동을 가르치는 것도 중요하다. 먼저 부모가 그 행동을 직접 보여주는 것이 효과적이다. 예를 들어, 우유를 마실 때 우유를 꺼내 컵에 따르고, 남은 우유는 다시 냉장고에 넣는 과정을 보여주는 것이다. 가장 좋은 학습 방법은 실제로 아이가 직접 해 보는 것이다. 아이가 책임감 있는 행동을 할 때마다 폭풍 칭찬을 해주면 아이는 점점 더 책임감 있게 행동하려 노력한다.

책임감은 사회생활에서 매우 중요하다. 자기에게 주어진 일을 끝까지 마치고, 실수나 실패가 있을 경우에는 용서와 사과를 통해 책임을 다하면 기회가 또 주어진다. 반대로, 책임을 회피하거나 남 탓을 하거나 상대방의 약점을 공격하는 행동은 순간적으로는 피할 수 있을지 몰라도, 결국 긴 인생에서 큰 대가를 치르게 된다. 사람의 마음을 얻는 자가 천하를 얻는다는 말처럼, 책임감 있는 사람은 주변의 신뢰를 얻으며 성장할 수 있다.

법륜 스님은 아이들을 '물드는 존재'라고 표현했다. 이는 부모의 영향력이 크다는 뜻이다. 좋은 부모 아래 좋은 아이가 자라며, '아이를 보면 부모를 안다'는 말은 바로 이런 의미에서 나온 것이다. 현재 내 행동, 사고방식, 습관은 은연중 부모에게서 물려받은 것이다. 예를 들어, 부정적으로 생각하고 말하는 부모 아래 자란다면, 나도 모르게 아이에게 그런 모습을 보여 줄 가능성이 크다. 그래서 가장 중요한 유산은 좋은 습관이다.

세상 어디에서나 밝고 씩씩하게, 배려와 나눔을 아는 '멘쉬'로 아이를 기르는 것이 중요하다. 더불어 사는 세상에서 감사와 겸손한 마음으로 어려운 이들을 돌아볼 줄 아는 아이라면, 행운의 여신이 늘 그 아이의 손을 잡아 줄 것이다.

AI 시대 내 아이의 미래를 바꿀 인재 교육

펴낸날 2025년 1월 20일 1판 1쇄

지은이_임지은
펴낸이_김영선, 김대수
편집주간_이교숙
교정·교열_나지원, 정아영, 이라야
경영지원_최은정
디자인_바이텍스트
마케팅_신용천

펴낸곳 미디어숲
주소 경기도 고양시 덕양구 청초로 10 GL 메트로시티한강 A동 20층 A1-2002호
전화 (02) 323-7234
팩스 (02) 323-0253
홈페이지 www.mfbook.co.kr
출판등록번호 제 2-2767호
값 17,800원
ISBN 979-11-5874-243-0(03370)

미디어숲과 함께 새로운 문화를 선도할 참신한 원고를 기다립니다.
이메일 dhhard@naver.com (원고 투고)